现代企业卓越管理方法丛书

HUIYI GUANLI
KAIHUI DE GAOXIAOLU YUNZUO

会议管理

开会的高效率运作

主编⊙舒天戈 邱卫东
本册主编⊙谢开宇

四川大学出版社

责任编辑:楼　晓
责任校对:张　雪
封面设计:刘建波
责任印制:王　炜

图书在版编目(CIP)数据

会议管理:开会的高效率运作 / 舒天戈,邱卫东主编. —成都:四川大学出版社,2015.7
(现代企业卓越管理方法)
ISBN 978-7-5614-8741-9

Ⅰ.①会… Ⅱ.①舒… ②邱… Ⅲ.①会议-组织管理学 Ⅳ.①C931.47

中国版本图书馆CIP数据核字(2015)第159462号

书名	会议管理——开会的高效率运作
主　编	舒天戈　邱卫东
出　版	四川大学出版社
地　址	成都市一环路南一段24号(610065)
发　行	四川大学出版社
书　号	ISBN 978-7-5614-8741-9
印　刷	三河市天润建兴印务有限公司
成品尺寸	170 mm×240 mm
印　张	14
字　数	233千字
版　次	2016年1月第1版
印　次	2016年1月第1次印刷
定　价	35.00元

◆读者邮购本书,请与本社发行科联系。
电话:(028)85408408/(028)85401670/(028)85408023　邮政编码:610065
◆本社图书如有印装质量问题,请寄回出版社调换。
◆网址:http://www.scup.cn

版权所有◆侵权必究

前言
Preface

世界各地，每天都在进行着数以百万计的各式各样的会议。会议已成为管理活动中不可或缺的重要组成部分，在现实生活中发挥着无法替代的特殊作用。人们通过开会能沟通思想，协调行动，集思广益，群策群力，实现工作目标。开会也是领导者收集意见、建议和征集方案，做出科学决策的有效方式。在充分发挥开会的价值和作用的过程中，会议给人们带来了无穷的益处，避免了无数的盲目决策的出台，有效地推动了管理科学的进步。用开会方式解决问题，是人类千百年来总结出来的非常完美的议事规则和沟通决策方式，经过了历史的验证，时至今日仍显示出独特的魅力。现在的会议形式新颖，种类繁多，加之科学技术的进步更实现了开会手段的现代化、新颖化和便利化。

但是，开会的成本很高，它需要消耗大量的人力、物力、财力，加上它耗费的大量宝贵时间，往往使工作失去效率。

有效地减少会议是一项摆在各级领导者面前的重要任务，同时，另一方面，有效地组织会议，提高会议的效率也是一项重要任务。不能把握开会的要领，会给原本有益的会议造成诸多负面影响，也使领导者的管理水平大打折扣。因此，掌握开会艺术，使会议有效益、有效率，对于会议的组织者和与会人员都具有特别重要的意义。

开会是一门科学，更是一门艺术。真正组织好一个成功的会议，看似简单，但事实上绝不容易，它需要完善的策划、有效的组织、细致的服务，需要很高的管理技巧。做好会务管理，将会凸显会议组织者的管理才能和独特魅力。

本书的编写目的是帮助会议组织者提高开会效率，做好会务管理。它着力于阐述开会的要领，总结开会的艺术。概括地说，本书具有如下几个方面的特点。

首先，本书重视实践，而不做过多学术上的探究。本书作者多年从事会议管理工作，成功地组织过各种会议，在会议管理方面具有丰富的实践经验和独到的见解。

其次，本书不是一本会议管理的百科全书，而是一部聚焦于高效开会的管理方法的图书。本书没有对开会所涉及的问题做面面俱到的介绍，而只对会务管理中的核心问题，提供切实可行的实施方案和组织管理技巧。

再次，本书按照会务管理的流程展开全部内容，按照会议组织管理的先后顺序，为读者提供了一套完整的会议流程图。即使您是一个组织新上任的主管，即使你从未有过会务管理的实践经验，本书也将引导你掌握会务管理的要领，在会务管理上做到游刃有余，成功驾驭。

最后，本书语言通俗、生动，让您耳目一新、好学易懂。本书避免了教材式的枯燥和呆板，运用通俗化的语言，略显文采，深入浅出地对会务工作进行讲解，适合广大机关、企业和社会组织领导者阅读。

由于时间仓促，加之水平有限，错误和疏漏在所难免，望广大读者不吝赐教，以便再版时改正。

编　者
2014 年 8 月

目 录
CONTENTS

第一章　会议是实施管理的重要工具

一、会议的真谛、功能与意义

1. 会议的真谛：实现有效的管理沟通…………………………（2）
2. 会议的种类：众"会"渐欲迷人眼…………………………（3）
3. 会议的功能：上传下达、集思广益…………………………（8）
4. 会议的目的：传递资讯，协调一致…………………………（10）

二、开会需要讲究策略与艺术

1. 开会有利弊，得失要掂量……………………………………（12）
2. 把握现代会议趋势，实现领导水平与时俱进………………（14）
3. 讲究会议礼仪，成功地开好会议……………………………（15）

第二章　倾心做好会议的筹备工作

一、凡"会"预则立，不预则废
　　　——制定明确可行的会议策划方案

1. 会议未开，策划先行……………………………………（18）
2. 会议策划者的选择：由谁来策划会议…………………（19）
3. 明确会议目的，设定会议目标…………………………（21）
4. 选择合适的与会者，保证会议高效进行………………（25）
5. 日程安排的要求：全面、具体、轻松、紧凑…………（27）
6. 制定一份详细的会议进程时间表并严格遵守…………（28）

二、让会议占尽"天时""地利"
——适时开会，选好会址

1. 占据"天时"，借风行船…………………………………（31）
2. 占据"地利"，借道行船…………………………………（32）

三、讲求实效，节省开支
——要做好会议经费预算

1. 成本核算：会议经费预算的基点………………………（43）
2. 列出费用明细，明明白白才是真………………………（44）
3. 准备应急预算，以防意外开支…………………………（48）
4. 制订预算方案，各项支出有据有节……………………（49）
5. 费用控制，少花钱多办事………………………………（51）

四、做好会议重要文件的准备

1. 准备好领导者会议讲话稿………………………………（52）
2. 准备好大会工作报告……………………………………（54）
3. 准备好会议其他材料……………………………………（56）
4. 对会议文件的审核、装订与备份………………………（58）

5. 会议文件准备的具体要求……………………………………（59）

五、会议的环境布置与设备保障

1. 规范会场布置的形式………………………………………（60）
2. 合理安排好会场座位………………………………………（62）
3. 会议场地装饰应突出主题…………………………………（63）
4. 会场环境布置的美化与和谐………………………………（65）
5. 会标、桌签、座签的制作…………………………………（67）
6. 会议视听设备及其他物品的准备…………………………（68）
7. 对会议设备及用品的检查落实……………………………（71）

第三章 主持人应在会上发挥灵魂作用

一、明确职责，担当会议灵魂
——会议主持人的角色定位与责任担当

1. 会议主持人是会议的灵魂人物……………………………（74）
2. 会议主持人的职责…………………………………………（76）
3. 会议主持人的素质与修养…………………………………（80）
4. 主持人提高会议成功率的途径……………………………（81）
5. 避免主持会议的误区………………………………………（84）

二、驾驭会议，引领会议成功
——会议主持人的主持艺术

1. 成功推进会议，尽显主持人魅力…………………………（86）
2. 控制会议进程，掌握会议节奏……………………………（87）

3. 会议主持人的说话艺术……………………………………（90）
4. 巧妙提问，做善于发问的会议主持者……………………（93）
5. 沉着应对，改变会议中的冷场……………………………（95）
6. 讲究技巧，防范与扭转会议跑题…………………………（95）
7. 妥善化解会议中的争执与分歧……………………………（96）
8. 结束会议：充分发挥主持人的权威………………………（98）

三、鼓励发言，促进交流
——做到会议的有效沟通

1. 与会者的相互认识：会议沟通的开始 ………………（100）
2. 临时会议分组，便于交流沟通 …………………………（102）
3. 讨论分阶段，会议进行有章法 …………………………（103）
4. 群体互动，强化沟通 ……………………………………（105）
5. 慎重选择会议发言人 ……………………………………（108）

第四章 领导者发表会议讲话的艺术

一、把握中心，论述深刻
——领导者作会议报告的艺术

1. 拥有一个精彩的开头语，先声夺人 ……………………（112）
2. 内容丰富充实，论述深刻透彻 …………………………（114）
3. 把握中心，突出讲话的重点内容 ………………………（115）
4. 逻辑性强，使讲话的内容层次分明 ……………………（116）
5. 精辟概括，运用准确精练的语言 ………………………（117）
6. 精悍有力，说好讲话的结束语 …………………………（118）

二、机敏巧应，生动别致
　　——领导者即席讲话的艺术

1. 明确即席讲话话题，确定观点 …………………… (119)
2. 选用丰富、生动、典型、深刻的话料 …………… (121)
3. 即席讲话要做到入情入理、生动别致 …………… (124)
4. 即席讲话中的语调应做到自然得体 ……………… (128)
5. 即席讲话应把话讲得平易通俗 …………………… (131)
6. 即席讲话中应恰当运用修辞手法 ………………… (133)

第五章　做好会议的各项服务工作

一、做好会议举行过程中的文秘工作

1. 认真做好会议录音记录工作 ……………………… (138)
2. 会议文字记录应格式规范 ………………………… (139)
3. 写好会议简报，及时反映会议信息 ……………… (143)
4. 及时地撰写会议报道 ……………………………… (145)

二、做好会议现场的服务工作

1. 会务现场工作人员的着装要求 …………………… (147)
2. 发放会议材料与引导代表入座 …………………… (148)
3. 做好会议期间的信息提示 ………………………… (149)
4. 保持会议期间与外界的联络 ……………………… (150)
5. 茶水服务应注意的礼仪细节 ……………………… (150)
6. 茶歇服务的礼仪细节要求 ………………………… (152)

7. 会议中的其他服务工作礼仪 …………………………… (153)

三、会议的交通服务

1. 会议用车的制度化与工作安排 ………………………… (155)
2. 会议用车的人员管理 ……………………………………… (156)
3. 会议用车的组织 …………………………………………… (157)
4. 会议车辆停放 ……………………………………………… (157)

四、会议的住宿服务

1. 会议住宿地点的选择 ……………………………………… (159)
2. 预订会议住宿的方式 ……………………………………… (162)
3. 与会议住宿饭店签订合约 ………………………………… (163)
4. 会议房间的分配 …………………………………………… (165)

五、会议的餐饮服务礼仪

1. 会议餐饮的基本要求 ……………………………………… (166)
2. 会议用餐的类型和标准 …………………………………… (166)
3. 会议用餐地点的选择 ……………………………………… (167)
4. 用餐时间、方式的安排 …………………………………… (168)
5. 会议菜单的确定和酒水的安排 …………………………… (169)
6. 会议餐饮的其他注意事项 ………………………………… (170)

第六章 会议后期的文秘服务与会议总结

一、会议后期的文秘服务礼仪

1. 收集整理会议文件资料 …………………………………… (174)

2. 会议资料整理的方法和技巧 …………………………（175）
3. 规范会议文件的立卷归档 …………………………（177）
4. 严格会议文件立卷工作程序 ………………………（179）
5. 编发会议纪要的规范要求 …………………………（181）
6. 拟写会议纪要的格式写法 …………………………（183）
7. 印发会议纪要的规定要求 …………………………（186）

二、善始善终，完美闭会
——做好会议评估与总结

1. 会议后继工作：不可缺少的一环 …………………（187）
2. 会后评估体系应科学而完整 ………………………（190）
3. 分析会议效果，得出评估结论 ……………………（194）
4. 总结经验，争取下一次会议开得更好 ……………（198）

第一章
会议是实施管理的重要工具

会议，是人们运用集体智慧解决各种社会问题的最重要的途径。在现代社会中，凡是重要的事情，大都是通过开会这种方式来处理和解决的。因此，每一位承担社会或者企业管理责任的领导者，都必须把会议作为自己实现领导和管理职能的一个重要的手段。

作为一名领导者或管理者，要实现自己的意图，就必须使自己成为一个善于组织会议和善于利用会议的高手。

一、会议的真谛、功能与意义

会议是领导者或管理者实施领导和管理的重要工具。富有成效的会议不是为了开会而开会,而是为了解决实际问题而召开的。因此,开会必须讲究实效。而要取得实效,就必须懂得开会的艺术和技巧。会议的真谛在于实现有效的沟通,通过会议集思广益,形成有效会议决议;通过会议上情下达,统一大家的思想,达成共识,从而有利于实现组织目标。

1. 会议的真谛:实现有效的管理沟通

会议是最有效的沟通方式之一,会议允许一个人或几个人在一段很短的时间内提供信息或将信息传达给其他人,但重要的一点是要使会议有效进行。

人是社会的动物,从人类社会形成以来,人就要经常做定期性的聚会。**如果一个团体没有聚会,每个成员对它的向心力就会减弱,在这种情况下,他们只好利用工作之暇,定期参与各项聚会。**

在现实社会中,人与人面对面的会议绝对少不了。尽管电子传播技术已经取得了革命性的发展,会议的功能依然不能完全通过电子遥控实现。

如果我们针对会议胜于其他传播技术的优点来分析,就更能了解会议的真谛,即达到最有效的管理沟通。

(1) 会议可以给与会者一个表达自己观点的舞台

每个与会者既是他人信息的接收者,同时又是向他人发出信息的主体。尽管有时与会者地位不相同,但他们互通信息的职能是不会改变的。

(2) 会议是个集思广益的场所

通常每个团体经过成员的意见交流之后,就会产生一种共同的见解、经验、价值观念和习惯。这种见解、经验等的共同组合,不仅会使每个成员在团体中发挥更大的作用,而且会使彼此的联系更有效率。

（3）会议可使参加者达到彼此了解之目的

会议不仅可以让每个会员了解彼此的共同目标，而且可以让他们知道自己与旁人的工作可以对团体做怎样的贡献。

（4）会议可以对每个与会者产生约束力

譬如说，你原先反对某个议案，可是一旦会议作出决议，你就得服从，否则你只有退出这个团体。在一个组织里，如果有人反对某项决议，他们真正反对的原因通常是因为作出这项决议时，根本就没有征求他们的意见。**就大多数人而言，通常只要让他们有表达意见的机会就够了。**就算是将来达成的决议与他们的意见不合，他们失望之余，也会尽可能接受。

（5）会议是每个会员较量地位的竞技场

在一个团体里，一味地要每个成员装着不在乎彼此的相对地位，事实上并没有任何好处。因为这种竞争的欲念也是人类本质的一部分。

通常会员只有在会议中才能看出彼此的相对地位，因此会员在会议中竞技就变成一种不可避免的现象。如果一个团体刚刚成立，领导者是位新人，或者组织成员是一批竭力争取升迁机会而工作又不能独当一面的单位主管，他们在会议中竞技的气氛就格外强烈，有时甚至会妨碍会议的进行。而成立已久，且经常定期举行会议的团体，这种现象就很少发生。

2. 会议的种类：众"会"渐欲迷人眼

会议类型多种多样，根据不同的划分标准可以进行不同的分类。

（1）按照会议规模（即参加人数多少）划分，主要有四种。

- 小型会议。人数少则三五人，多则几十人，一般不会超过一百人。
- 中型会议。人数在一百至一千人之间。
- 大型会议。人数在一千人至数千人以上。
- 特大型会议。人数在数万人以上，例如节日集会、庆祝大会等。

（2）按照会议性质和内容划分，主要有五种。

- 规定性会议。即法定的必须按期召开的各种代表大会。
- 日常性会议。即领导机关、领导同志贯彻民主集中制原则，实行集体领导，研究和处理日常工作的会议。

●专业性会议。即为研究某项工作，讨论和解决某个问题而召开的工作会议和专业会议。

●纪念性会议。即为纪念重大历史事件或重要人物、重要节日而召开的会议。

●座谈性会议。包括各种各样的座谈会、茶话会等。

此外，会议还可以从时间、会议阶段、开会手段、开会方式和开会目的上划分为多个种类。

●按照时间划分，可划分为定期会议和不定期会议，还可以划分为多次性会议和一次性会议。

定期会议也叫例会，到预订时间如无特殊情况必须召开，不定期会议则视情况灵活掌握，必要时随时召开。多次会议是指需要开两次以上的会议，一次性会议是指只需要开一次的会议。

●按照会议阶段划分，可划分为预备会议和正式会议。预备会议是整个会议的组成部分，是为正式会议做准备的会议，但在职权和效力上同正式会议有所区别。

●按照开会手段划分，可划分为常规会议和电子会议。常规会议即传统性的会议，电子会议指电视会议、卫星会议、电脑电话会议、电子计算机会议等。

●按开会方式划分，可分为团体会议、一对一会议、面对面会议、电话会议、视频会议。

●按开会目的划分，可分为宣布人事安排、讲解政策的会议；当众表扬或批评别人的会议；临时处理突发事件的会议；固定的团队会议；集思广益的会议。

以上所有这些会议类型又都可以分别归之于正式会议、非正式会议和其他类型会议这三种会议之中。

(1) 正式会议

正式会议就是指合乎一般的公认标准或者具有一定手续的会议。

如果会议规模较大、层次较高或者涉及组织的发展方针、策略时，则需要举行正式会议。正式会议需要办事人员根据需要预订会议室，发出通知，准备备忘录，准备资料，作会议记录，整理撰写会议纪要，落实会议期间需要开展的各项工作。

正式会议的种类有：年度大会、非常大会、董事会、委员会议、执行会议、常务会议、顾问会议、联合顾问会议、法规会议等。下面，我们依次介绍。

①年度大会。年度大会是指根据业务性质和需要而有一定的起止日期，每十二个月召开一次或几次，有时间规律的大会。

②非常大会。非常大会是指针对特殊的事情或者异乎寻常的大事而举办的大会。另外，对所有的股份制企业及部分合资和外资独资企业而言，非常会议是面向全体股东的。当有100%以上的股东提出要求时，就要召开此种大会来讨论特别的事务——可能是异常事务，以征求股东的意见。**非常大会的举行与年度大会的要求基本一致，它更要强调"准确""及时""快速"。**

③董事会会议。董事会是指股份制企业或学校、团体等组织的领导机构。召开董事会会议时，董事长负责向管理部门解释董事会所采取的行动，并负责向董事会报告管理计划，董事长办公室把董事会的决议付诸实施。

④委员会会议。委员会指的是各单位为完成一定的任务而设立的专门组织。委员会成员的产生根据情况指定或选出，也有可能两种方式结合使用。例如在成立一个以劳资双方磋商为目的的委员会时，管理人员是被指定的，因为他们有专门的技术，在组织中有一定的地位，而工人代表则是由劳方选出。

⑤执行会议。即在公司的董事会或各企事业单位领导层召开的指导公司规划运营的会议。**只要是由高级领导参加的，目的是指导各项工作、决策的会议，都是执行会议。**

⑥常务会议。常务会议是指各机关、企事业单位、社会团体的领导人员研究情况，做出决策，指导和处理日常工作的定期例会。它包括各级党委常委会议，各级政府行政首长办公会议，政府各部门领导人办公会议，

各公司的董事会、经理碰头会，各企事业单位部门领导人的行政办公会议等。其特点是"三定"，即定人，定期，定时。定人是指会议是哪一级的常务会议，就由哪一级的常委会组成人员参加，必要时可临时加入与会议议题有关的列席者。这类会议一般参加人员不多，议题可大可小。定期是指这类会议一般每周一次或半月一次，定期召开，每个与会者都知道。定时是指这类会议的开会时间一般定为半天（必要时也可延长）。

⑦顾问会议。是由组织、部门的顾问联合起来召开的会议。它的宗旨是通过信息交流，包括对技术、经济、财务、环境和社会现象等问题的研究，促进公司各项工作的圆满完成。

⑧联合顾问会议。联合顾问会议即顾问委员会和董事会联合召开的会议，任务是对组织或部门的重大决策等重要事项进行讨论和作出决策。

（2）非正式会议

非正式会议是相对于正式会议而言的，与正式会议相比，非正式会议在程序规则上没有正式会议复杂；一般在非正式会议召开之前不需要举行预备会议；有一些正式会议（如年度全体会议），是要依照规制召开的，而非正式会议则没有这个要求。非正式会议不像正式会议那样有严格的程序规则的限制，在会议的组织及召开上都有一些自己的特点。

非正式会议一般包括部门会议、经理会议、情况介绍会议、进度会议和工作会议。

①部门会议。部门会议是各个部门内部召开的会议。通常是由部门主管召集，由部门的成员参加，有时邀请上级领导列席。会议的内容多是总结上一阶段本部门的工作，并围绕整个公司的规划与总体计划对下一阶段的工作进行安排。

②经理会议。经理会议就是指企业中具有经理身份的人研究和决定企业经营管理事宜的会议。目的在于落实董事会已确定的企业目标和方针，并通过具体的管理经营活动体现出来。

经理会议受董事会议的控制，在不违背董事会所确定的目标和原则的前提下，有权决定和处理企业管理经营活动中所遇到的一切问题。

经理会议一般由负责全面工作的经理以例会的形式召集。也可由任何一名经理或部门领导提议召开，研究决定公司的重要决策、工作部署、制度文件等重要工作。

③情况介绍会议。情况介绍会议就规模而言多是中小型会议。会议多采取座谈会的形式。一般由一个或几个（属于一个部门或系统）主要发言者进行情况介绍，他们是信息的发出者，会前要对发言的内容作充分的准备。其他与会者则主要是信息的接收者，一般是针对主要发言者的介绍来提问或发言，会前不必准备好固定的发言稿。情况介绍会议一般不形成决议或结论。

④进度会议。进度会议就是报告工作进展情况的会议。进度会议属于例会，定期召开。可以定为每周、每月或每季度召开一次，根据工作任务、性质的不同而有所不同。会议的内容主要是报告工作进度，并根据进度对原工作计划进行调整。**会议的目的是使与会者对工作的进度有所了解，以免工作失控**。进度会议一般是由某项具体工作的负责人及相关人员参加。会议的情况将上报给上级主管部门。有时进度会议可随同部门会议、经理会议或其他会议一起召开。

⑤工作会议。工作会议是指各级党政机关、社会团体、企事业单位为讨论研究一个时期或一个方面的工作而召开的会议。工作会议的与会者一般是主管或主办该方面工作的负责人。会议主要讨论研究一个部门、一个地区在某一方面或某一领域的工作，面临的形势、任务和困难，以及采取什么工作方针和策略推动工作前进等问题。工作会议一般规模不大，议题比较单一，会期不长，但研究问题比较深入，能起到促进工作的作用。工作会议除了采取普通会议的形式以外，还可以采取广播电视会议和电话会议等多种形式。

(3) 其他类型的会议

除了正式会议、非正式会议以外，还有其他类型的会议，主要包括讨论会、研讨会、学术会议、演示会等。

①讨论会。讨论会是机关、企业、社会团体及其他一切组织乃至家庭成员、亲友之间，为认识事物，改造客观世界及决定问题所采取的一种会议形式。

讨论会的与会人员一般以20人左右为宜。人太多不行，不便于发言；人太少了，发言内容偏少，无法集中形成正确意见，不能形成正确决策。

选择参会人员时，要"全方位""多角度"，不能只是"一种人"。一定要提前通知，并告之要讨论的问题，要使参加讨论会的人"有备而来"。

会议内容一般是一事一议，一个讨论会只解决一个问题，这样才能使得讨论充分，认识深刻，目的明确，问题解决彻底。如果指挥得力，时间充裕，也可讨论两个以上的问题，要根据实际情况而定。

讨论会发言应是有准备的，因为有准备发言质量才能较高。口头、书面、提纲发言均可。应提前通知发言人按顺序发言，这能使得发言内容具有代表性、全面性。因为提前做了准备，所以也节省了时间。再有就是自由发言，大家知无不言，言无不尽，发言内容也会十分广泛，每人各抒己见，也一定会达到讨论会预期的目的。

②研讨会。研讨会是特定的机构、机关或其他组织针对特定问题，用科学的方法相互沟通交流，共同探求事物本质规律的一种会议形式。

③学术会议。学术会议是各大专院校、科研院所等学术机关就人文、社会、自然等各类专业学科问题共同切磋、探讨、交流经验成果，共同磋商促进学术研究的一种会议形式，较其他会种来说，学术会议更具专业性与研究性。

讨论会或者辩论会所讨论或辩论的议题范围非常广泛，涉及了人类社会生活中的方方面面；而学术会议则不同，它仅就学术上某一专门的问题（还必须是存在争议的问题）展开讨论，并且只由工作涉及这一领域的专门人员参与讨论（因为旁人没有专业知识），所以议题的面非常窄（相对于以上二者而言）。

④演示会。演示会是各机关团体、企事业单位为了一定的目的，利用现场实验或实物、图表形式展示特定事物，让受众认知、理解的一种会议组织形式。

3. 会议的功能：上传下达、集思广益

美国会议管理专家安托尼·杰伊（Antony Jay）在《如何召开会议》一书中描述了会议的六大功能，了解这些功能将有助于我们理解会议的意义。

(1) 地位象征

按照我们中国人的价值观念，许多人认为，参加会议越多，表示社会地位越高；因此，会议也成为一种地位象征、待遇象征。我们常常发现这样的情况：有的人之所以反对某项方案，一方面的原因是这些人认为方案本身不合己意，另一方面原因是没有请自己参加会议，使他感到自己的地位与尊严受到了藐视。会议通过最简单和最基本的方式界定了团队、群体或单位。会议出席者属于召开会议的组织，而未出席者则不属于。当每个与会者环顾四周，感知整个集体时，能体会到那种属于该集体的认同感。

(2) 生成方案

通过会议的研究讨论活动，可以产生解决问题或展开行动的方案。

会议为群体成员共享知识和经验提供了场所。聚集在一起的一群人经常可以比单一个体或独立工作的个体提出更好的想法、计划和作出更好的决策。当然，如果是一个糟糕的会议的话，也可能根本没有结果或产生更坏的结果。**当用几个人的经验、知识、判断和想象一起来解决问题时，可以更有效地改进计划和决策**。最初的想法，经过大家的讨论，可能被测试、扩充、提炼，最终成型，进而能满足更多的需求，说服更多的反对者。

(3) 统一思想

通过会议，可以融合各种不同的见解，达到一致的思想，以指导组织的各个部分，在核心思想指导下协调一致地行动，增强了组织的协调性。

会议帮助每个人去理解该群体的集体目标，去理解通过什么方式个人的工作能够有助于群体的成功，从而帮助群体找到实现目标的最佳途径。

(4) 产生权威

通过会议形成的决议，常常比单纯的行政命令更具权威性。因为，会议决议含有民主的成分、集体的智慧；反对会议决议，一定程度上就是和众人作对。比如，全国人民代表大会的决议，对全社会的影响力和冲击力，就比一份单纯的红头文件或行政命令强烈。

会议也使所有出席者为最终制定的决策和追求的目标承担责任，即使是不同意见者，他们可能会遗憾他们的意见未能被采纳，但是，他们会接受结果。而且，正是由于群体的决策约束了集体中所有的成员，所以，会议所制定的决策往往比单一经理作出的决策具有更高的权威性。

（5）信息沟通

通过会议，可以传达上级的意图，公布企业整体状况，了解下属工作情况，明了下属思想情绪状态，及沟通其他信息。

在一些工作群体中，团队的领导通过他的出席来指导团队，即会议更好地体现领导者的角色和作用。**在管理界，十分通常的情况是，会议是团队或群体实际存在并作为群体工作的唯一场合。**

（6）调节情绪

有些会议并无太多的日常管理实质内容，而纯粹是通过会议来调节与会者的情绪与心态，为某种特定的管理需求服务。例如，誓师大会、保险公司对推销员开的早会（许多保险公司通过给推销员开早会，来安慰失败者，鼓励成功者，激励拼搏、振奋精神）、干部任命会议。

会议能更好地体现成员地位上的差异。在组织活动中，回避成员之间地位上的差异是不现实的，这是人性的一个侧面。通常，会议往往是其成员获得机会、明确相互立场和工作关系的重要时间。

尽管会议可以拥有所有上述六个功能，但并不能保证会议在任何情况下都能实现这些功能。任何一个会议都可能成为一种对时间的浪费、一种导火索或一种影响实现组织目标的障碍。

4. 会议的目的：传递资讯，协调一致

弄清开会的确切目的，可以帮助管理者决定是否真的需要召开一个会议，而且还可以让团队知道这次会议能给他们带来什么。所以，无论什么时候开会，请务必突出会议日程的安排和会议的目的。通常，我们在会议室里开市场营销会议时，会议的组织者常会提前告诉我们开会需要取得何种效果，能够解决什么问题，而且常常会提醒我们检查会议的日程。

（1）开展有效的沟通

实现有效沟通是会议的一个主要目的。**要想通过会议解决问题，就要**

有良好的沟通，其中包括陈述和倾听。

①陈述。良好的陈述是达到会议目的的催化剂。在会议陈述中，主要包括两个方面：一是会议主持者的陈述；二是与会者的陈述。会议主持者的陈述应力求让每一位与会者都能领会本次会议召开的主旨，并力求使大家达成共识。会议主持者的陈述应既简明扼要又打动人心。陈述不宜时间过长，以能表明意思为要。与会者的陈述则要分为不同的情况，有的与会者会主动地为表达与会议主旨不一致的意见而陈述，有的与会者则是在会议主持人的鼓励下为发表自己的新见解而陈述，有的则是为讨论会议既定的议题而陈述。不论何种陈述，都应该有理有据，这样的陈述才能被他人所理解，从而达到沟通的目的。

②倾听。会议的主要目的是解决问题，沟通信息。有效的倾听正是有效沟通的开始。有些人觉得某个问题自己知道得更多，就断然中途接过话头，不顾对方的想法而自己发挥一通，这样是无法达到有效沟通的目的的。**聆听是褒奖对方谈话的一种方式，无形中就能提高对方的自信心，加深彼此的感情，创造和谐融洽的气氛。**

倾听，首先是表现在行动上的"倾听"，其次是表现在心理上的"理解"，前者是沟通的技巧，后者是沟通的一种思维方式。

在会议中真正试图去理解别人是十分重要的。

（2）信息共享

达到信息共享这个目的的方法有很多：留便条，打电话，发邮件。但在一些特定的情况下，会议是一种最有效的传递信息、实现信息共享的方式。**会议的形式和特点决定它能在同一时期内，将会议上的有效信息传递给尽可能多的需求者。**

信息的发布和传递需要经过一定的时间长度和空间距离，我们工作的目的就是让信息尽快地传达给那些有必要知道这些信息的人。或许有人会说，会议会耽搁一些不必要的时间，如果把这些时间节省下来，可以创造更多的价值，但信息共享也有利于创造更多的价值。

人们对于会议上得到的信息和电话中或电子邮件中得到的信息的重视程度是不同的。人们对会议上的信息会格外重视，而对其他方式得到的信息，其重视程度就会相对低一些，当然，这也受会议气氛和会议效率的影响。另外，人们对于文字的东西不一定看，看了也不一定理解，还需要时间去理解，甚至产生质疑……这会直接影响到决定的执行，从而影响总体的工作进程。总之，**高效率的会议带给人们的信息，其作用和受重视程度是其他形式无法相比的。**

通过会议，我们可以达到信息共享的目的，但这不是达到这一目的的唯一途径。我们要根据实际情况选择适当的方法来达到信息共享这一目的。

(3) 作出决议

会议是一项由三个或三个以上人员参加的活动。在这样的活动中，与会人员共同讨论问题，制定解决问题的有效方法。在这种情况下，方法的制定，决策的通过就会相对容易得多。

(4) 解决问题

俗话说："众人拾柴火焰高。"会议的确是解决问题的一种极其有效的方法。与会人员可以在同一时间和同一空间内就同一问题各抒己见，将自己的认识、看法、意见、建议、观点、态度等等表达出来，经过讨论，达到解决问题的目的。

在以解决问题为主要目的的会议中，主持人起着至关重要的作用，应注意以下五个方面的问题：阐释问题的内涵、问题发生的背景以及解决问题的重要性；借解说者角色，引导所有与会者参与问题的讨论；借控制者角色，将会议导入实现目标途径，以避免浪费时间以及无谓的意见冲突；借与会者角色（即脱离主持人身份而成为与会者之一），提出自己的见解；恢复主持人身份，归结会议的成果，指明发展方向。在这一类会议里，主持人的参与程度，大概介于会议总时间的40%至60%较为理想。

二、开会需要讲究策略与艺术

1. 开会有利弊，得失要掂量

会议最大的作用就是使与会者觉得，他们更强烈地被激励着去执行集体的决定。实际上，在许多企业中，开会的原因之一，就是让与会者同意执行集体的决定。一位参与决策的人更乐于看到决定贯彻，也会更加努力地贯彻，并看到它的成功。

会议的第二个作用是使没有参加会议的人较愿意执行集体做出的决定，而不是个人的决定。会议会使领导本人也更乐于遵守集体的决定，因为他们认为在会议上可以解决矛盾，集体应是领导作出决策的后盾。

会议对企业管理的作用非常重要，员工们通过会议熟悉彼此的能力、职务或地位。熟悉后，他们便开始有意识地想组成整体协同工作。开会则是达成合作的便捷方法。通过会议沟通，团体成员间的协同努力明显增强了。

会议可把许多人不同的才能汇集起来对付难题。根据不同背景和经验，这些人才应该能够摆出全部恰当的论据，作出正确的决定。

由于多数问题在会议上得到了充分的讨论，因此有助于与会者很好地理解每个人的观点，认识到问题的各个方面。了解到问题的复杂性之后，他们便可以找到非同寻常的解决方法了。

最后，会议对于与会者提出新设想或产生灵感大有裨益。善于集思广益的领导者往往通过技术研讨会等形式让与会者在会议上对某个问题或计划发表新看法。

以上是会议的各种优点。与此同时，我们同时也必须考虑到开会可能产生的弊端。

开会占用了大量时间，许多会议是毫无成效的。开会是很繁琐的。尽管领导者希望个人能够做出决策，但会议至今还依然存在，我们同样要学会适应开会。既然举行会议是不可避免的，那么我们应该考虑的问题就是如何最好地利用会议。

会议是要使人们达成有最低共同点的协议，其目的是妥协，而不是各行其是。

当我们开会时，我们都有达成某种协议的强烈欲望和要求。而结果是，人们为了达成这一协议就要对某些要求妥协。当然，这种求同的后果并不都是很糟的。它可抑制激进的设想，使集体不会仓促行事。

开会时，个人的责任是觉察不到的。与会者觉得，责任要由出席会议的所有成员承担，正如事实经常表明的那样，"大家的事不是事"。这样造成的结果是没有人承担责任，在某种程度上限制了会议的作用。

尽管有这些弱点，会议依然是我们的经营活动和社会生活的重要部分。它有着不可取代的作用。

了解了会议的利弊，有助于你做出恰当的选择：召开必要的会议，取消不必要的会议，消除多余的协商和讨论。

总之，少开会，开好必须开的会。**会开的太多，不仅浪费自己的时间，也浪费别人的时间。**

2. 把握现代会议趋势，实现领导水平与时俱进

随着现代电子技术的发展和普及，会议领域中现代信息技术的含量越来越高。有的会议则直接采用电子信息技术手段召开。

电子会议过去仅指电话会议，即几个人同时使用一条电话线路进行通话，一个或多个人从不同的地方对分散在各地的一个或几个人群讲话。这种形式的电子会议可以支持双向的口头交流。**如果需要的话，发言者还可以使用视觉帮助、印刷材料及其他辅助手段。**

随着技术的发展，电子会议开始使用电视作为会议的媒介，借助闭路系统和公共卫星实现更大的传播覆盖面。这种会议可以让身处不同地方的人们不但能够听到彼此的声音，而且可以看到图像。视觉辅助手段在这种情况下很容易实现。通常，人们用这种会议进行单向交流，因为双向视听交流的电子会议必须借助于更为先进的电子信息技术工具——计算机。

计算机会议已经有多年的发展历史，由于计算机技术发展十分迅速，运用网络召开会议已成为一种新型的会议形式。这类会议要求每一位与会者都配备个人计算机和调制解调器（以通过电话线或宽带进行信息发送和接受）。所有的与会者以某种方式组织起来，分别输入各自的信息，并将其发送到中心（主体）计算机上。通过中心计算机，其他的与会者可以接收到这些信息，并进行书面的响应。计算机会议目前虽然还不能取代传统的会议，但它的发展十分迅速。

会议行业已经向未来伸开了双臂。如今的技术可实现就演说者所说的问题实行现场投票，当场提供电子演说稿以及用刷卡方式让代表们快速完

成会议报到。会议组织者愿意尝试新的东西,参会者们也对会议中出现的先进技术表现出了极大兴趣。

现代会议发展趋势主要受以下两个因素的引导。

(1) 减少旅行的需要

有关商务旅行成本的调查表明,人们花在抵达和出席远距离会议上的时间中,有一半是被浪费的。商务活动现在可以通过使用互联网等信息技术以交互的方式进行。如今人们了解商品的成本可能只是以往到现场观看成本的极少一部分,而且更轻松随意一些。有些买主甚至不愿意代理商出现在面前,这样,他们可以不受影响地评估这个产品。随着互联网更广泛地应用,传递信息(过去会议的主要目的)将变得更为简便,浏览器可以帮助顾客搜索他们想知道的东西。许多家国际大公司已经大大地压缩了商务旅行预算,正在寻求更多的途径减少旅行成本。甚至重大的公司决定也可以通过电视会议做出,这对于快速运转的全球性商务活动显得尤其重要,在这个领域里,反应速度快可能意味着占据更大的市场份额。

(2) 清晰的信息

电子通讯的另一重要意义在于它有可能带来统一性。众所周知,推出新产品的巡回会议在相当大的程度上依赖当地的会场和展览商。如果要传递的信息可以控制,而且在任何时间任何地点向预订的对象传递的信息相同的话,销售工作会更有效一些。对于会议组织者而言,这意味着展出费用的减少,因为您只需付给职业展览商一次钱,而巡回会议工作人员的开销以及其他旅行成本将不复存在。

总之,未来会议形态的形成会受到互联网技术发展的影响,但要想让会议发挥效用还需要人的力量,那将是未来会议组织者面临的一个挑战。**作为一名优秀的领导者,应把握并利用这种趋势,与时俱进,提高领导水平,实现管理方式的现代化。**

3. 讲究会议礼仪,成功地开好会议

会议是有组织、有目的地召集人们商议事情、沟通信息、表达意愿的行为过程。"会议"一词中的"会"有聚会、见面等意思,"议"是议论、

商议的意思，因此"会议"应包含聚会和商议这两层基本意思。**召开会议可以集思广益、沟通信息，也可以提高员工的积极性和凝聚力，从而有效地推动单位的发展。**

会议是一个组织存在的表现。如果一个政府部门、企业或社会组织，从不举行会议，或者长时间没有会议召开，不但组织的向心力会大大减弱，而且组织本身也失去了表现自身存在的机会。一个组织或部门不召开会议，它的存在价值就会受到质疑。因此，会议能够充分显示一个组织的存在价值。

无论是主办会议还是参加会议，与会者都要讲究会议礼仪。会议礼仪是会议组织过程中所应遵守的行为规范。从某种意义上说，会议礼仪影响着会议的效果、效益甚至是成败。**会议礼仪既是评价会议是否成功的重要的形式标准，也是展现领导能力的行为规范。**

"没有规矩，不成方圆。"任何会议，要达到预期的目的，就要讲规则，讲程序，有组织，有管理。否则会议就成了聊天，会场就成了茶馆，会议组织者就成了娱乐节目主持人。

会议礼仪包括会议组织者的礼仪和会议参与者的礼仪两大方面，由于内容十分丰富，这里就不再详细介绍。

第二章
倾心做好会议的筹备工作

开好一个会议，需要认真地做好筹备工作。筹备工作质量的高低，直接影响着会议的效果，甚至决定着会议的成败。

会议筹备工作的内容繁多，会议筹备人员需要根据会议的性质、会议规模、参会人员组成情况、会议的要求及目的、时间、经费及标准，制定详尽的会议方案及会议预算等等。它类似一个工程项目的运作，需要投入大量的人力进行严格的细节控制和分项管理。

一、凡"会"预则立，不预则废
——制定明确可行的会议策划方案

一个会议的成功，策划是关键的一步。策划是会议的生命力所在，独具匠心的策划是会议成功的前提。

别出心裁、引人注目的会议策划方案方能使会议活动引人入胜。富有创意，科学稳妥是会议策划的方向。成功的会议策划能显示出一个组织独特的格调、非凡的品位，充分诠释会议的宗旨。会议策划的目的是让会议的举行有章可循，提前预测会议的效果和可能面临的各种问题。会议策划需要有高素质、专业性的人员，依托的专业学识和经验，才能形成一整套完善的会议策划方案，协助会议组织者营造一个与会人员相互沟通交流的融洽环境，实现会议目标。

1. 会议未开，策划先行

优良的会议策划是完满举办会议的前提。完整的会议策划是一个节奏分明、条理清楚、面面俱到的完美计划。只有通过专业策划和充分准备的会议才能取得预期效果。

所以，会议策划一定要尽量考虑周全。

（1）会议策划的前期工作

真正操作好一个会议，从筹划开始，到具体操作并落实每一个细节，其过程相当辛苦，面对的问题也复杂多变。如果是在主办单位所在地举办会议，因为各方面关系熟一些，可能操作起来会比较顺利。如果是在外地举办会议，那么会议操作的难度会提高，很多因素是会议组织者无法预料和控制的。

那么，会议筹划的前期工作都包括哪些内容呢？

①收集信息。会议有各种类型，不同的会议需要不同的环境，召开会

议是要达到一定的目的和目标。**因此第一个重要步骤是收集方方面面的信息，通过收集这些信息可以制定出旨在完成手头众多工作的计划。**

②谁来筹划会议？从秘书到公司总裁，每个人多多少少都可能会参与会议的筹划，只不过有人是专职从事这项工作，有的是兼任此职。无论是专职还是兼职，工作的最终目标都是使会议顺利完成。他们的工作效率代表着主办单位或公司的工作水平。因此，会议的筹划者一定要选择精干而有丰富经验的人专职担当。

(2) 会议筹划者的任务

会议筹划者需要完成如下主要任务：
- 制定计划，确定必须要做的事项以满足会议的需要并达到会议确定的目标；
- 制定会议议程；
- 了解可供使用的场所和设施情况；
- 选择合适的场所；
- 检查并比较各项设施；
- 安排交通事宜；
- 协调会务工作人员的活动；
- 培训会务人员；
- 制定可行预算或按既定预算安排有关工作；
- 确定各项工作的时间安排。

2. 会议策划者的选择：由谁来策划会议

如果想要举办一流的会议，最好请优秀的会议策划者来全局统筹会议的进程，从参会者的需求出发设计好各个环节。

(1) 成立专门的会议策划小组

大多数会议都是由某种形式的小组策划的，因为策划会议需要做很多工作，而一个人是不可能独自完成的。**策划小组是一个对会议负有某些责**

任的团队，通常由主办组织内部成员构成。

对于小型会议，承办者可以与一个小型策划小组一起合作，但是随着会议规模的扩大，策划小组也需要相应地增加人手。这可能带来许多问题，尤其是如何将所有的成员召集在一起开会讨论工作。一个解决的方法是建立几个次级小组，每个次级小组负责向策划小组的一个成员汇报工作。这就需要对策划小组的成员就如何组织和控制小型工作组或次级小组进行一定的特殊培训。

（2）策划小组的工作目标

确定策划小组的人选，需要考虑以下两个问题。

①策划小组的具体目标和职能。很多时候，会议主办者组建策划小组仅仅是出于习惯，但这个理由并不充分。有必要组建策划小组的原因之一在于确保会议的创意和策划是集思广益的结果。对于会议主办者来说，策划小组可以使该组织的成员参与会议筹备，避免组织工作人员的片面意见左右会议。人们可能对这一安排意见不一，但它毕竟是组建策划小组的一个原因。

策划小组在会议策划中有三项职能——提出建议、处理问题和作出决策。虽然这些职能可能会造成混乱和冲突，但只要在规定策划小组工作目的的时候注意说明就不会出现问题。把这些职能区分清楚还可以为会议的主办者和承办者提供参考。

策划小组有责任对会议策划提出建议，但是这些建议并不一定被全盘采纳。这样可以确保策划小组在提出建议的时候充分发挥其创意，而不必考虑具体执行的问题。

在其他一些方面，策划小组要对会议承办者提供的材料进行处理。策划小组在处理完这些材料之后，同样不一定作出决策。他们的工作就是对承办者提出的计划和主办者的一些设想进行处理，而不必承担实施的责任。

不过，主办者可能会把某些方面的决策权赋予策划小组，而不是承办者。在这种情况下，承办者必须服从这些决议，并准备好将它们付诸实施。

②策划小组何时结束使命。这个问题就是说在没有具体延长理由的情

况下，策划小组应在什么时候解散。为了完成既定工作，会议应该尽早组建策划小组，以便为他们留出足够的时间。然而，他们的使命又将在何时告一段落呢？通常，在所有的策划工作结束后，会议进行之前，策划小组就可以解散了。如果可能的话，最好事先规定好策划小组解散的日期。策划小组不应参与会议，以免他们在会议上为自己所做的前期工作进行辩护。

(3) 策划小组的成员选择

①策划小组的成员不一定是从主办组织内部选取。在策划小组中，至少要有一部分成员来自主办组织，但是有的时候，主办者也会认为吸收外部成员加入策划小组具有一定的好处。例如，作为主办者的协会组织可能请组织以外具有很高声望的人加入策划小组。但是，在策划小组中加入外援也有一定的坏处，比如可能使人感觉该组织没有足够多的成员具备策划会议的能力或兴趣。**公众大会的主办者可以通过组建临时特别次级小组来使策划小组掌握更多的外部观点和信息。**

主办会议的组织可能根据不同的会议目的，选择自己组织以外的人员加入策划小组。公众大会主办者也可能在策划小组中聘请外援，以得到更多的创意，了解其他人群的观念。政府机构和社区组织主办的会议由于要对主办组织以外的广大人群产生影响，所以也使用有外部成员的策划小组。

②策划小组成员既包括志愿者，也包括被指派者。由协会组织主办的会议，策划小组几乎全都是由志愿者组成的。其中可能有一些组织指派的工作人员，但是这种做法的效果并不十分理想。由某组织主办的会议，策划小组的成员通常是被指定的，当然不乏一些特例。赢利性公众大会的主办者通常会在策划小组中安置一些内部工作人员，但也聘请外部成员加入，但这些人一般不是志愿者。非营利性公众大会的主办者常常指定一部分策划小组成员，其余的成员则由志愿者构成。

3. 明确会议目的，设定会议目标

没有目标的会议就没有必要召开。目标取决于会议召集者或指定成

员。如果与会者缺乏对会议目标的了解，那么会议无法取得预期成果就不足为奇了。会议召开前，组织会议者就应确定会议的目标。这并不意味着所有决定必须是动态的或要改变现状。毕竟，如果会议只是为了回顾达到原定目标的过程中取得的进步，用已定的标准评判，而且会议要讨论的数据显示所有的预期进展都已达到，那么就不需要作出新的决定。"继续按原计划进行"就成为下阶段的最好描述。**在这种情况下，主持人可以把结论告知所有成员，而不必召开会议。**当然，这种会议，似乎没有作出任何决定，但"继续按原计划进行"其实就是一种决定。

会议目的指会议召开的理由。每一个会议召开之前，会议的组织者都会认为"既然要召开这次会议，肯定是有其必要性的"，这也就是现在为什么有那么多会议的原因。但我们在这里要讨论的会议目的，是指问题必须通过会议的方式解决，或者通过会议能够更有效率地解决。如果信息能够通过备忘录和电话传递；或者与会人员未做准备；或者关键人员不能参加；或者会议成本超过其可能的潜在收益；或者即便纳入日程但开会无益，当存在这些情况时，会议就不应该召开了。

(1) 会议目标的设定的要求

开会的目的与要求，应尽可能以一句话清楚地表达出来。阐述会议目的和要求时，应确定为何开会、谁来开会及决议何时执行完毕。

决定召开会议之后的第一项最重要的准备工作，便是设定会议目标。良好的会议目标应符合四项要求。

①必须书面列明会议目标。许多会议主持人在规划会议的时候，都认为没有必要将目标写出来。他们常说他们已将目标记在脑中，而且只要他们能时常想起它们，则是否诉诸文字，将不会产生任何实质上的差别。其实，这是一种似是而非的论断。书面列明会议目标，有以下三个好处：第一，有助于澄清目标内涵；第二，书面目标较不容易被遗忘；第三，当目标种类繁多时，书面列明比较容易调和它们之间的潜在矛盾。

②会议目标必须切合实际。这里所说的切合实际，即指具有实现的可能性。但是"会议目标必须切合实际"这句话，并不意味会议目标应该是容易实现的。事实上，一种不是轻易能够实现的目标，对目标的追求者才具有真正的挑战性。**这就是说，会议目标不但应具有相当的挑战性，而且**

也应该有被实现的可能。

③会议目标必须具体而且可以衡量。含糊笼统的目标无法作为行动的指南。例如某单位主管因为感到该单位产品不良率过高，而决定开会研讨降低产品不良率的方案。倘若他将会议目标定为"探讨如何降低产品的不良率"，则该目标肯定难以成为与会者提供意见的指南，因为他没有具体地指出产品的不良率要降低多少，以及应在多长的时间内达到这个结果。但若他将会议目标改为"探讨如何在十月底之前将产品不良率由目前的5%降低至3%"，则上述缺点将不复存在。

(2) 确定会议目标

即使某人被委派组织会议，确立会议目标也可能不是他一个人能够完成的工作。他要做的是了解会议的发起者对会议目标的想法。这也许不是件容易的事情，如果他对此不全力以赴的话，他将收获的是平庸的果实；如果他的态度过于迫切，他可能会疏远他的合作者（而且这些人可能在年龄和职务上都高于他，因此，急于求成往往会带来适得其反的结果）。

最佳方法是对会议的目标进行全面的评估，然后征求他人意见并使其明确。以下是某些类型的会议可能出现的目标，从表面上看它们或许有些相似的地方。

①年会：可以是公司股东大会，也可以是行业协会每年一次的会员大会。

- 公布一年的工作成绩及来年的计划。
- 宣布公司结构的变动（合并、新成员加盟、人事变动）。
- 强化凝聚力。
- 就未来的计划听取员工意见。
- 争取员工对未来计划的支持。

②销售会议：一般是为了宣布开始销售某种产品或确定销售期限。例如季度销售会议，或者是对前一阶段销售工作进行总结。

- 鼓励销售人员增加销量。
- 奖励成绩突出的销售人员。
- 推出新的奖励性活动。

- 解释新的销售合同。
- 推出新产品或确定新的年度工作目标。

③行业技术会议：是就某个领域的问题进行讨论、咨询和交流信息而召开的会议。**一般包括主会和讨论问题、解决问题的小组会议。**

- 展示产品及服务。
- 为获取行业信息举办论坛活动。
- 向代表们传授行业技能。
- 对社会问题或法律问题作出反应。
- 为买卖双方的会面提供一个机会。

④管理会议

- 向管理层宣布未来计划。
- 听取管理人员对未来计划的看法。
- 为公司制定新的未来计划。
- 预先激励管理层的主动性。
- 鼓舞管理层的士气。

⑤发行商/发行网络会议

- 鼓励发行商提升销量。
- 增进与发行商之间的关系。
- 寻找新的发行商。
- 宣布行政变动。
- 奖励业绩优秀的发行商。

显然，以上五种会议的每一种都不仅有一个目标。策划者不难看出根据会议主办者与会议代表（出席会议者）之间的关系，每一个类型的会议风格都明显不同。即使会议目标可能相同，每一个会议在其基调和风格上也会有细微的差别。

（3）就会议目标达成共识

一旦把会议的目标压缩到两至三个后，就应努力使其中最重要的一个获得大家的认可。会议成功与否将取决于这一目标的实现与否。

策划人员要注意的是会议不应设立太多的目标，否则，与会代表和演说者会对会议目标不知所措，甚至出现相互矛盾的会议目标。有时会出现这种情形：

一旦所有人对会议主要目标达成共识，策划人员就可以增加一些与之相关的次要目标。这样做可以把人的注意力更好地吸引到会议内容上。如果会议的主要目标是安抚员工，这一主要目标可以得到一些次要目标的协助，比如：为参与者提供发表意见的机会；详细解释新的组织结构；让员工和主要管理人员探讨问题（也许是通过午餐座位安排或者通过分组会议等方式进行）。

（4）对会议目标进行评估

下一步要做的是在条件许可的情况下量化会议目标。策划人员可以通过一些定期的调查了解员工的士气，并利用调查结果稍带评估自己的会议目标。**通过会后询问有关会议问题，策划人员会对会议的效果有所了解。**

组织会议经验丰富的人检验会议效果的手段也在不断更新，每次会议都会带来新的收获。

4. 选择合适的与会者，保证会议高效进行

选择合适的与会者，是保证会议目的实现的前提和保障。不该参会的人与会是一种人力物力的浪费，而该与会者不参会，则将使会议目标难以实现。

（1）谁该参加会议

最该被邀请参加会议的人是那些确实有必要参与而且能贡献自己的智慧来达成会议目标的人。

确定参会人员同时可以使你决定会议规模，当然，会议讨论问题的复杂性如何及会议举办地可容纳多少人也会影响会议规模。研究显示，**会议每增加一个人，就意味着每个人参与时间的减少、更多冲突的可能、更多人发言和倾听。**

有时应该参加的人不愿参加，他们不乐意为会议服务，而更多的情况是会议领导者必须排除一些希望参加的人，以保证某些会议达到可以有效

管理的规模。对于前者，需要说服和激励应参会而不愿参会的人，而对于后者，可能需要领导者巧妙协调，可以尝试以下一些办法：分析会议议程，看是否每一个人都必须参加每一过程，适当调整议程，使得一些人在会议一半的时间里离开，让另一些人能够加入进来；用两个小型的会议代替一个大型的会议；要求一些团队提前讨论问题，然后请他们只派代表带着团队的意见前来参加会议。

（2）与会者的选择

在决定与会的人选时，主持人原则上只应考虑邀请下列两类人士与会。

①对实现会议目标有潜在贡献的人。会议既然是以目标的实现为导向，那么主持人在决定与会者人选时所应优先考虑的，便是邀请对实现会议目标有潜在贡献的人。但这并不意味这些人非出席会议不可，因为会议主席有时可以在会议之前约见他们，并征求他们的意见。这样做，他们就可以不用出席会议。

②能够因参与会议而获得好处的人。让这些人参与会议，固然有助于会议功能的发挥，但主持人也可有条件有选择地邀请他们参与，在会议之后，将开会的结果通知其余人。

会议主持人对于难以分辨是否应该邀请的人士，最好采取"宁可邀请，而不排斥"的原则，尽量邀请他们参加，以免遗漏。

需要特别注意的是，与会者人数不宜太多。理由有三点：

● 会议的成本非常昂贵，因此没有必要出席或列席的人士，尽量不要让他们参加。

● 在定好的会议时间内，与会者人数越多，每一位与会者的平均参与机会就越少。

● 与会者人数越多，沟通越困难。当与会者只有3个人的时候，沟通渠道只有6个；与会者增至4个人，沟通渠道增至12个；与会者增至8个人，沟通渠道增至56个……沟通渠道越多，与会者对信息的掌握能力将越低。

一般来说，管理者所公认的较理想的与会人数，是5~7人。因为在这样的人数条件下，不但沟通不会发生困难，而且与会者普遍拥有较多的参与机会。倘若与会人数甚多，譬如多至20人以上，主持人可以视实际需要而采取分组讨论方式，处理各种议案。

要把企业会议看成是一个由若干个人组成的群体，他们必须互相影响以完成某项工作；不要单纯问谁应当参加，而要问为什么参加。下面是会议主办者应考虑的一些问题。

- 参加会议的人将在多大程度上影响会议的实际效果？
- 某个与会者在中心议题的专门知识方面，是否能有所贡献？
- 某个与会者以前对这种情况，有没有经验，或者与会议所涉及的议题或人物是否有特殊关系（例如代表某一特殊利益的小组）？
- 某个与会者级别或地位是否适合于这个小组？（下级职员和他们的上司在一起参加会议时，心理上常会不自然，以至于影响他们在会议上的表现。）
- 假如要作决议，某个与会者是否能够胜任（他不应是一个从属的人，这种人可能缺乏完整的全面知识和适当的权威）？
- 某个与会者是否具有行政或法律责任来进行审查或决定？
- 为帮助会议取得成功，某个与会者能不能提出一个不偏不倚的客观见解，或发挥评论者或媒介者的作用？
- 某个与会者才能或职责是否与其他与会者重复？
- 由于某种理由，他或她的出席是否会妨碍会议的总体成效？
- 是否时间、工作量及其他因素都能使与会者安心参加全部会议，而不是人在心不在？

5. 日程安排的要求：全面、具体、轻松、紧凑

会议日程是会议的各项活动在会议期间每一天中的具体安排。在会议日程中，会议的各项活动按上午、下午和晚上逐日列出，使会议所有活动都有准备的时间。会议日程是会议组织者对会议实施组织、与会人参加会议活动和人们了解会议情况的重要依据。会议日程是会议事务性文件的一种，在制作时，既可以诉诸文字，也可形成表格。

编排会议日程要科学合理，符合实际情况，一般应注意以下几点。

一是编排会议的日程要充分考虑会期、会议议程以及拟采用的选举方式等情况。一般可根据会议的议程，先将大会划分为几个阶段。以党代表大会为例，可分为预备会议阶段，大会开幕和讨论党的委员会、纪律检查委员会工作报告阶段，选举党的委员会和纪律检查委员会阶段，大会闭幕阶段等。**会议组织者应对每个阶段的议程和主要活动作出初步规划，然后再根据会期设计日期。**

二是要根据议程的具体内容、要求，合理安排日程。程序性强的，如选举应安排得紧凑一些，使其有条不紊，环环相扣。需要代表充分酝酿讨论、发表意见的，如酝酿讨论工作报告、选择候选人预备人选、作出重要决议（草案）等，应尽可能把时间安排得充裕一些。

三是大会日程的编制要明确具体，使人一目了然。其内容一般应包括：时间，会议内容，地点，主持人。

做到以上几点，会议主办者可以很快地达到会议的目的，会议将获得预期的效果。开会当中，会议主办者可以不时抽出一些时间来检查日程表上的每一项，努力在事先规定的时间内把会议讨论推向高潮，并及时结束会议。如果主办者觉得还有一些问题不得不需要延长讨论时间，那么可以设定一个讨论的时间限制，尽量使讨论的内容紧扣中心议题。有时，与会者自己有个人的工作日程表，那么主办者最好在合适的时间，逐一询问他们，这样，主办者可以更加合理地安排开会时间。如果会议进行当中出现一个新的问题，应立即把它加入"有待解决的事情"列表中，等会议结束后再选一个合适的时间和地点，请与会有关成员对它进行讨论。

会议日程应包括一份详细的会议议程，用以明确此次会议所需讨论的议题或内容。**它由秘书和主持人商议准备，并考虑上次会议所处理的事项。**在议事日程中，秘书应把需要与会人员注意的所有事项都记下来，并按它们在会上讨论的先后顺序安排，当然也要注意遵守办理各项事务的习惯顺序。比如，如果要选主持人，那就应当是会议的第一件事，并应在临时会议主持人的监督下进行。

6. 制定一份详细的会议进程时间表并严格遵守

会议进程时间表是会议的技术流程图。它是会议策划者在对会议的整个过程进行精心地研究和计划下而制定出来的。**严格遵守会议进程表是保证会议圆满结束的重要因素。**下面是适用于一般中型会议的会议流程计划表。

①订客房，订会议室。会前三周考察（会前15天~会前21天）；会前一周确定（会前7天~会前10天）。

②确定会务组。会前一周确定（会前4天~会前10天）。

确定会务组要注意以下事项：

- 会议必须确定一个总负责人，如有多个负责人，则一定要明确分工（且一个为总调度，知晓会议全程安排）。
- 动员一定要充分，会中必须服从统一安排部署，否则若某一环节出问题，会导致很多环节的组织活动陷入被动。
- 会务组人员要提前处理好自己的正常工作，使个人工作尽量避开会务时间。

③召开会务组动员会。会前4~6天，需要召开会务组动员会，召开此会需要注意以下事项：

- 各人任务分工要明确；
- 讨论并多听取建议；
- 制作会务组人员通讯录，使会务组人员之间可随时取得联系；
- 要有一个每日安排表（以时间为序，包括事务、负责人等），发到每个人手中，每天工作一目了然。

④客人情况的了解（在会前4天~会前15天）。

⑤确定就餐的酒店：酒店初选（会前4天~会前8天）；酒店确定（会前2天~5天）。

⑥录像摄影师的预订（会前2天~会前7天）。

⑦会前礼品、资料、记录本、矿泉水与物品准备（会前1天~会前10天）。

⑧会前会议日程表和会议须知的准备（会前1天~会前2天）。

⑨会议条幅、参会证、指引牌、人名牌、会议接待处、会议通知等准备（会前2天~会前5天）。

⑩会场设计与摆设。设计：（会前 5 天～会前 7 天）；摆设（会前 1 天）。

会场设计与摆设的注意事项如下：

• 根据会议议题及与会人员来设计会场；

• 注意大宗物品的陈设与展示，要备有劳务人员电话，临时也可用搬家公司应急；

• 注意与会嘉宾和领导的座次。

⑪会务组现场设办公室（会前 1 天～会前 2 天）。

⑫接站：（会前 1 天～不定时应急）。

注意事项：

• 根据接站表统一安排，特殊客人特殊对待；

• 会务人员安排。在火车站、飞机场、汽车站，由司机开车＋接站或由＜＋接站人＞＜＋领导＞接站；在宾馆，＜迎宾领导＞，重要客人到来通知接站领导；财务人员收费（如果需要收费的话）；宾馆发放房卡，工作人员开房间、发放房卡；接待人员接待、签到、发放礼品资料等；＜宾馆入住引导＞由接站人员兼任，签到、入房间向导及帮拿行李。注：宾馆内的接待工作尽量协调由宾馆服务员来做。

附注：〈 〉中为机动设置。

⑬早到客人的安排：（提前 1 天～会前 2 天）。

⑭摄影录像（会议开始时起）。

摄影录像的注意事项是：

• 选择会中休息或散会时拍照，这样人员齐整，时间紧凑。

• 提前选好照相地点，照相地点前如果能停车，要提前一天告知相关负责人，照相时该处不能停车。还有一个办法，就是把自己的车都开过去占着那个位置，这样照相时车开走就行。

⑮票务：（会议结束前 1 天）。

票务方面的注意事项是：

• 要在"会议须知"中体现，让与会者及早订票。

• 如果订飞机票，可考虑直接找票务中心的人来负责订票，节省人力和时间，减少失误。

⑯会议通讯录和合影照的准备（会议开始至结束）。

⑰送站（随时）。

⑱总结报告（会议结束后3日内）。

会议总结应尽快作出，奖励及总结应在会议结束后尽快安排落实。

二、让会议占尽"天时""地利"
——适时开会，选好会址

一个会议的成功召开，时间、地点的选择很有讲究，也是会议策划所必须考虑的重要因素。选择合适的时间开会，更能体现出一个组织的会议意图，提高开会的效率。会议地点的安排要利于实现会议的目的和方便与会者。会议时间地点的选择受会议目的支配，并对会议能否成功有直接的影响，故应精心地选择。

即使在一个组织内部举行小组会议，也不能不考虑选择合适开会时间和地点，以保证会议期间与会人员精神饱满、精力充沛，能够认真讨论各项问题；同时还要不受外界干扰，在一种舒适愉悦的环境下开会。由此可见，会议时间、地点的选择对会议能否成功具有重要影响，选择一个好的开会时间和地点对于实现开会目的更显得至关重要。

1. 占据"天时"，借风行船

会议组织者在选择会议时间时，首先应该考虑的便是自己的时间，即能令自己获取充分准备并方便自己作息的时间。这种做法并不表示会议组织者是一位以自我为中心的人，因为会议组织者是会议成败所系的关键性人物，在选择会议时间时，自然应优先选择适合自己的时间。这是一种实事求是的做法。其次，也应该考虑方便与会者出席的时间。**倘若与会者对会议时间有所不满，则会议目标的实现，势必遭受不利的影响。**

会议时间必须包括起止时间。经验显示，绝大多数的会议都只列明开始的时间，而无结束的时间。这样的做法有两种严重的缺陷：

- 与会者无法对会后的工作预作规划；
- 会议的效率势必降低。

因为既然没有终止的时间，本来一个小时可以结束的会议，则可能被拖到三个小时才结束，这不幸应验了帕金森定律——工作将被延伸，以便填满可供完成工作的时间。为了避免上述两种缺陷，每一场会议都必须列明结束时间，而且都必须按照这个时间准备结束。就算有些会议——譬如解决问题的会议——难以确切地把握结束时间，但会议组织者至少应指明会议大约会在哪一个时间结束。

为了避免会议过分冗长，有些管理者故意将会议安排在距午餐、某种活动或是下班之前不久举行。这是一种可以考虑采取的方法。

至于一场会议到底应为时多久，对此虽无一致的看法，但多数的管理者均同意以不超过一个半小时为限。因为一般人能保持注意力集中的时间最长大概不超过一个半小时。（这大概也可以说明何以大多数电影的放映时间都在一个半小时左右。）若会议中所探讨的是极其严肃的或是极其困难的主题，则一场会议的时间以不超过一小时为宜。但这并不是说一场会议不能长到两小时以上，因为一旦议案多，会议时间将不得不相应延长。但须注意的是：一场会议的时间超过一个半小时，则中途应腾出若干时间作休息之用。

最后，还需要提醒的是：**假如主持人因故不能按原定时间主持会议，则宁可另择时间开会，也不应轻易找人代为主持**。重要的会议，更特别要遵守这个原则。

2. 占据"地利"，借道行船

会议地点的重要性更是不容置疑的。会议地点的物质条件——设施、环境和工作人员——对会议的成败起着关键的作用。既然会议地点如此重要，人们会认为会议组织者和策划委员会将直接参与会议的选址工作，而在许多时候，情况的确如此。不过，还有很多时候，会议地点的选择是由其他人来完成的。

场地的选择可能推进也可能阻碍会议的进程。很多人认同在远离工作场所的地点举行会议，因为新的地方和环境会使人们认同会议的重要性，而且与会者不用因为接电话或是其他人干扰而离席。

当然,房间应该有很好的光线,没有使人分心的东西,而且有足够的座位容纳所有的人,温度要令人舒服。座位的安排能便利人们的沟通,也可能阻碍人们的沟通,房间座位应该根据会议的性质来安排。私人性会议可以围着桌子,拉几把椅子,随便就座,或是找出其他更舒适和便于沟通的方式。工作会议通常使用一张会议桌来使彼此接近,有时一端坐着被指定的领导者。

没有一个地点对所有的会议都是最佳的,但是对每一个会议来说,都有它的最佳地点。选择会议地点应当包括对如下因素的评估。

①理想的会址对绝大多数与会者来说,应该是旅程最短的(不要受级别影响而忽视大众的便利)。

②首先要考虑没有打扰、噪音和其他使人分心的因素。许多业务会议安排在远离办公室的地方,以摆脱日常事务,达到集中注意力于会议的目的。不用说,适当的通风、空气流通、照明度、音响效果和温度,这些都是促成有效的会议气氛必不可少的主要条件。

③与会者座椅的舒适程度和他的注意力持续时间之间有明显的相互关系。假如会议地点是租来的,应检查那里的设施和器材。

(1) 列出可供选择的会场清单,及早预订

第一,列出可供选择的会场清单。

越来越多的机构发觉机构外的会址能增加会议成功的机会。有些企业报告说,多样化的会议地点能激发兴趣,并为常规功能增加新的方便。而且,它为会议的便利、服务工作和可能安排的项目提供更为广泛的范围。

在进行会议选址时,必须制作一个会议场所清单表,清单表上需注明会议要求的所有重要条件。 如果清单设计得合理,将大大便于各个场所的比较和选择。

下面几个类型的场地最常被选用来举行会议。

①商务型酒店和度假型酒店。商务型酒店无论在外部设计,还是在内部装修,以及可提供的先进通信工具、适合会务的商用场地(有特定的商务楼层)上,一般都充分体现了现代商务高效、快捷的内涵。酒店既能接待小型会议也能接待大型会议,有一个或多个多功能厅,24小时全天候办

公，有较强的服务能力，此外还有多个中、西式餐厅、各种商店、健身房、游泳池等设施。

度假型酒店一般建在旅游胜地或海边，外部设计、园林规划、内部装修都充分体现了当地特色，集休闲、娱乐于一体。同时随着社会的发展，度假型酒店也能提供相应的会议设施、美食和各种代表地方和季节特色的活动，这些无疑大大方便了会议单位。

②会议中心。有时，这个名称被用来泛指任何适合举行会议的场所。按照国际协会的定义，会议中心要具备以下条件：

- 有60%的业务来自会议；
- 提供会议所需的全部设施，包括功能性房间、各类设备、餐厅等；
- 拥有能够随时为会议承办者和与会者提供帮助的专业人士。

会议中心里设备齐全的一个单元通常就有条件为小型会议（与会者在4000人以下）服务。如果会议规模很大，可以考虑租用整个会议中心，这样可以避免在一个地点同时举行几个会议可能带来的冲突和不便。

会议中心是为大型会议专门设计的，但是不包含客房和娱乐区。那里通常有一些能够同时容纳几千人的巨大会议场所（便于举行全体大会）和宽敞的展览空间。那里有可以用餐的地方，但是食物通常是从中心以外运来的。如果决定使用会议中心，承办者就必须在其附近寻找可以提供住宿的酒店。**根据酒店与会议中心之间的距离，会议有可能需要为与会者提供来往的交通。**

典型的会议中心坐落在没有汽车、飞机和行人交通干扰的地方。这种中心一般可以安排全套会议服务项目。

③公司内部的会议地点。公司在主办会议的时候可以使用公司内部的场地。选择公司的董事会会议室或股东会议室作为会议地点不但可以提高会议的声望，而且能够让不能到公司以外的地方参加会议的高层管理者参与会议。不过在公司里举行会议的时候，与会者可能在会议的过程中被叫出去听电话、会见客人等。

④大学和学院。许多大学及学院中都设有某种形式的会议场所。

在一些大学中，只有教师和学生可以使用这些会议场所。但是，有些学校的会议场所也对外界团体开放（收费将高于内部团体）。许多大学的会议场所具备与商业会议中心同样规模和水平的设施，而且学校往往会在会议举行过程中提供一些帮助。

另外，需要特别指出的是，会议地点必须与会议策划协调一致。如果策划方案中需要使用小型会议室，或者要求有一个可容纳2000个座位的场地来举行全体大会，那么会议地点就必须满足上述的设施要求。有些场地可能只有大型会议室，就需要用可移动的隔板划分出更小的场地。显然，这就意味着会议策划必须为这种会议室布局的改变事先进行设计，或者选择可以提供大小两种场地的会议地点。

第二，及早提前预订。

在计划开始时就预订地点——如有必要，可以是暂时性的，这样做有百利而无一弊。最好的开会地点要及早预订。

初步的寻找场地可以通过邮件进行，条件是你能提出你的要求和拟议的各个日期。招标应包括下列各项：

- 活动的一般安排（附上以前类似活动的方案有助于场地管理部门参考）；
- 开会场地的要求——分别对圆桌讨论小组、群众大会、陈列区、宴会等提出要求；说明每项占用的具体时间，以及参加的人数等；
- 简述拟议的社交活动；
- 说明是否需要特殊场地、设备、伙食或人员条件；
- 套房、单人房间、双人房间各需若干，并说明与会者住宿的天数。

会议主办者在和场地管理部门初步函商时，最好限于要求下列各项：可供多大场地、价格表及平面图。**在预订大会地点时，大多数财务细节是可以磋商的。**最终预订场地应以亲自视察建筑物为准，平面图可能靠不住，所以必须亲自视察实际结构装置。

（2）多方兼顾，综合考量

选择一个能让会议组织者和与会者都能满意的会议场所非常重要，面对众多的场所，到底怎样去选择呢？选择适合的会议场所，必须依据当地可提供的会议资源状况及该会议的程序、预计的与会人数、与会人员的背景情况、与会者的偏好以及最重要的会议目的、目标等因素综合考虑。

下面分别从会议地点、历史、服务设施、费用、安全等几方面予以综合考虑。

①地点。

a. 会议地点与会议举办者及参会者所在地的距离。会议有全国性和地方性之分。距离的适中不仅是一个方便的问题，还有一个交通成本的问题，从节约的原则出发，应考虑尽可能减少交通费用。

b. 会议期间会议地点的气候将怎样。会议地点的地理位置通常决定着那里的气候。北部地区在冬天通常气候严酷，而南方夏天的温度也让人感到不舒服。

②历史。

a. 主办者以前是否在这个地点举办过会议。从前会议的记录在回答这个问题的时候将十分有用。不论内部承办者还是外部承办者，都应该清楚会议的主办者以前是否使用过这个会议地点。如果曾经用过，那么过去的经历如何？对其是否满意？与会者是否就会议地点有过任何反馈？

b. 他人以前是否在这个地点举办过会议。即使会议的主办者从前使用过某个会议地点，征求一下他人的意见也是有好处的。

他人的意见对会议主办者的判断有一定帮助，但不能被当作精确的数据来参考。他们的经历无论好坏都可能反映出个人的特点、具体的会议策划和其他一些类似的因素，这些可能是个体情况。因此他人的意见只能用于能考。

③周边服务设施。

a. 会议地点是否有汽车租赁服务。在选择会议地点的时候要考虑到那里是否有汽车租赁服务。虽然与会者在参加会议的过程中一般不需要开车（而且一般会议主办者也不鼓励与会者租赁汽车，以免他们经常离开会议地点），但是总有一些与会者希望能够有汽车租赁服务，以备不时之需。

b. 会议地点是否有商店。大多数会议地点都有商店，出售一些基本的日用品，如盥洗用具、全国性报刊及其他读物等。此外，那里通常还应有美容院和理发店等。

④会场自身设施。

a. 是否有足够多的电梯供与会者使用。所有活动都在一层楼进行的会议在这方面没有很大的问题，但是大多数的酒店在建造时主要都是为了提供客房。**有些酒店将较低楼层上的客房改建成会场，结果可能导致电梯的拥挤。**

b. 会议地点是否设有欢迎与会者的标志。现在有许多会议地点都会在建筑入口处或附近设立欢迎标牌。

设立欢迎标志可以使与会者得到一种满足感；他们也可以由此确认自己到达了正确的地方。在会议期间，与会者常常会在这些标志前拍照留念。

c. 走廊和公共区域是否干净整洁。会议承办者可以亲自到会议地点的走廊各处走走，查看那里的状况。如果可能的话，承办者应该在一天的不同时候到走廊中进行查看，查看那里是否有不足之处，如可能给行动不便者和大量与会者带来不便的墙壁结构。

d. 是否有足够多的公共卫生间，这些地方是否干净且设施齐备。公共卫生间有很多其他的名称，如洗手间、休息间、补妆间等。**会议工作人员应该根据会场的位置和与会者的数量来判断公共卫生间的数量和分布是否合理。**

⑤费用。

a. 会议地点的收费情况是怎样的。酒店的收费有不同的样式，会议承办者应该在各个具体的会议地点详细了解那里的收费方式。

b. 会议地点的收费是否有淡季折扣。会议地点通常在每年的业务淡季会下调价格，称为淡季价格。例如在美国，夏季是佛罗里达和夏威夷的淡季；而冬季则是一些北方会议地点的淡季（但对那些滑雪胜地来说不是）。

c. 会议地点对附加收费有哪些规定。如果所有方面都进行了有效的协商，那么应该没有任何附加收费的问题。但是，有时候会议场所需要收取某些服务、设备或空间使用的额外费用。

⑥景点。

a. 当地的景点是否在会议地点附近。许多会议地点的附近都有一些当地的名胜。会议承办者应该留意到这些名胜，向会议地点的工作人员、当地历史协会或其他一些民间组织咨询相关的信息。

b. 与会者是否会对这些景点感兴趣。不同性质的会议和与会者会对不同的景点感兴趣。公众大会的主办者和公司雇主通常不太重视会议当地的名胜。**当地景点只对那些激励性的会议比较重要，因为这些会议将对与会者进行回报。**协会组织在主办会议的时候会特别注意将当地名胜作为会议的一个特色，并以此来吸引与会者参加。

如果与会者对会议当地的名胜感兴趣，承办者就要在会议日程中安排一些时间让与会者参观、游览这些名胜。

⑦安全。

a. 会议地点是否设置了可用的火灾警报系统。仅仅确定了会议地点设置了火灾警报系统是不够的，会议承办者还应该询问最近一次检修该系统是什么时候。如果会议地点不能确定这个日期的话，当地的消防部门可以提供该信息。

b. 会议地点是否有一支保安队伍。会议承办者应该确认保安队伍如何工作：他们是否穿统一的制服？他们是否在大厅巡逻，或者他们是否在大堂或其他地方设岗？在出现紧急情况时如何与他们联系？

c. 会议地点距离最近的急救中心有多远。会议地点通常有一些应对紧急情况的措施，会议秘书处应该知道如何实施这些措施。例如，如何叫救护车，最近的医院或急救中心在哪里，以及那里的医疗水平如何等。

（3）仔细斟酌，实地考察开会场地

①彻底视察开会场地。

会议组织者和会议物质安排的负责人应视察拟议中的会议场地。适当的核对细目应包括下列各项。

a. 检查考虑中的全部会议室或场地。不要认为任何两个房间都一样；要检查每个房间的设备，以发现不合适的照明或通风、不方便的休息室、妨碍安静的通道或出口、不恰当的场地分配及其他问题。**如果怀疑一个房间是否能容纳会议要求的座位数字，就坚持试摆以核对容量。**

b. 随意抽查一个单人房间、一个双人房间和一个套房的设备。特别要警惕所谓"二等"设备，因为有些酒店会把客人分为社会客源和会议客源。要特别注意检查家具、床铺的质量以及全面清洁情况。

c. 检查登记处，会议管理处以及其他后勤所在地。要便于进来的客人寻找、到达所有的会议地点，并要有加锁的寄存处。

d. 检查膳食供应。要求提供过去的各种菜单。在没有旅馆人员陪同的情况下，检查每一个餐厅的伙食情况。注意服务质量和员工态度。

②现场参观注意事宜。

在考虑去做现场参观之前，先检查一下是否已具备了前提条件：

- 报价方接受和同意会议明细表中各项事宜；
- 报价方应是候选名单中较好的一个；
- 对报价方拟订的合同条款基本接受。

③亲临现场实地考察。

对于亲临现场进行考察应注意以下五点：

- 会见能做决策的人。这样有利于解决以后可能出现的交易问题；
- 只要可能，一定要在对方建议的日期去进行参观。最好不要在酒店客满时去参观，因为这会使酒店产生直接费用；
- 不要出于个人原因再次参观酒店；不要带家属同行；
- 想一想是以一个普通客人身份不宣而至以检查酒店对客人的接待情况为好，还是事先通知酒店以贵宾身份前往以检查酒店是如何接待贵宾的更合适；
- 考虑另一家酒店作为"备选"。

一般来说，协助会议的组织者对举办会议的地区进行考察，在较短的时间内，要让主办单位对以下几个方面的情况有个初步的了解：

- 交通气象信息：台风、天气、道路、洗浴水温；
- 旅游产品及服务：体育设施（泳池及网球场等）、出租用品、活动场地、海上活动；
- 特殊活动的安排：准确的活动地点、活动类型（体育运动、文化活动）及活动的具体内容（如欢乐节、音乐中的歌舞剧、婚礼节）。
- 餐厅旅馆：过夜设施、帐篷、餐厅；
- 公共交通及日程表：时间表、传统航班及船只、特别旅游线路（例如山中的栈道）；
- 当地信息：邮局和旅行商店、诊所等。

（4）签订租赁会议场所的书面合同

合同是为双方或多方所接受和同意的列明特定条款的文本，通常约定在特定时间以内有效。合同可以是仅为两页纸的简单文件，也可以是较长的（无页数限制）条款极为全面的文件。现在的合同较以前更复杂、严格和合乎法律规范，如今的标准是长篇的正式合同，必须列明所能想到的每一个细节事项，以免发生意外或其他设施再遭任何可能的损失。

①合同的目的和内容。

合同里写什么？答案是——各种事项！不要以为合同中最好别写那些不愉快的事，要知道以后出现争议时，法庭上只认可在合同中清清楚楚说明条件和双方意见一致的条款。**只有将合同条款写得清清楚楚、明明白白，合同才能保护双方的利益。**

- 房间数目和房间价格。列明每晚所需房间数和房间价格。
- 免费房间。注明会议组织人员每晚可免费使用的房间数。
- 工作间及房价。除免费房间外，会议工作人员还可享受优惠价格的房间；优惠程度依所需工作间数目和本次会议给酒店带来的生意规模而定。
- 套房、贵宾房。对该条款需列明具体的房间要求。
- 房间位置。应列明各个所订房间的具体方位和房间档次。
- 平均房价。平均房价是根据各种类型房间占相同百分比计算出来的一个调整后的平均价，适用于各类房间。
- 无转移条款。即会议举行期间如遇酒店所订出房间超出实际接待能力时，不得使会议人员转移至其他酒店。
- 入住及退房登记。登记情况视酒店规定而定。
- 提前入住和推迟退房。如果在该问题上的需求与酒店规定有所偏差，则一定要在合同中注明。
- 预订取消日期。一般规定为预订者在计划使用日期之前30天。这一条双方可以再协商。
- 会议场所要求。如果会议规模可能出现调整，最好在合同中确定一个调整时间。

- 会议场租。可以是一个固定价格也可以根据所订客房情况协商。
- 24小时租用。如果是按24小时租用酒店会议室，那么24小时之内即使你单位不用会议室，酒店也不得使用。
- 会场变动。合同中已注明预订的是哪些会议室，没有酒店的事先通知和会议方的书面同意，已订好的会场不能再有变动。
- 房间定金。合同中必须注明预付定金的具体时间。不能因为没有支付定金就失去所订房间。
- 结账。合同中要规定谁来负责会议方结账事宜、谁有权在账单上签字、有哪些具体事项、账单上包括哪些费用、哪些费用是个人来付的。这些问题必须在合同中说明。
- 餐饮消耗。此条款规定对于因活动取消、活动改为在酒店以外进行或与会人数不足而引起的餐饮活动减少，会议方应给予酒店一定补偿。
- 仲裁条款。如果合同中有同意仲裁解决争议的条款，在签订合同之前，要先决定会议举办方的公司是倾向使用仲裁手段还是反对使用仲裁。仲裁解决争端比诉讼的费用要少，并且进行起来更快；但有约束力的仲裁裁决使得不利方不能再上诉。
- 视听公司（酒店内部设备租用）。酒店自己提供视听设备是很常见的事，但对于那些更愿意选择其他视听公司的会议方，可以在合同中注明会议方免除支付视听设备使用费。
- 会议物资运抵酒店。在会议举行之前，会议所需用的物资要运到酒店的库房。在合同中应注明库房的工作时间和酒店政策。
- 电话附加费。尽量与酒店协商，免付电话使用附加费。协商文件应包括在合同中。
- 展品的处理。展品运进、运出酒店在时间上的规定对费用开支有很大影响。对于酒店在这方面的规定和可能会有的限制和局限，双方应进行协商和讨论。
- 最低餐饮消费。有些酒店的合同上有最低消费这一条款，规定客人的早餐、午餐和晚餐花费必须达到某一最低金额。尽量与酒店协商去掉这一条款。

②应注意的细节。

一旦谈妥一切细节，**最重要的是把口头协议变成书面形式，分别详列每项具体安排**。最终合同或协议应包括如下的细节：

　　● 确定全部会议场地，包括每个房间的名称及可供使用的时间。餐桌座位安排、视听器材以及其他设备的图表都应草签并附于协议书。

　　● 确定保证的客房间数、房费表以及伙食及服务。如有可能，应列入开会团体大多数人的到达和离去日期、房租起算和退租日期以及不受约束的客房退房日期。

　　● 确定由酒店提供的免费商品和服务。例如会议室及其布置，特别装饰，欢迎会的音乐和酒，飞机场接机，特别的娱乐活动，工作人员伙食，电影放映员及其他额外人员。

　　● 确定小费安排。包括用餐、整理房间的女工、共同使用的侍者及其他人员的拟议小费费率或者在房间全部账单上增加一定的百分比作为服务小费。

　　● 确定有无任何特殊安装或改装。如有无增加特别人员、服务或设施，并明确开支怎样负担。

　　● 确定预订和开票手续。包括你的单位为宾客承担财务责任的限度。

　　● 建立个人信贷，并列明应向参加者个人直接收取的费用。

　　● 指定可以取消预订而不向你单位收费的一段时间或最后期限。

　　将协议细节——不管多么细微——写成书面合同的重要性，无论怎样强调也不为过分。**随着会期临近，应经常与场地管理部门保持联系**。一切变更都可能对会议计划产生重大影响，因此密切联络会有好处。

三、讲求实效，节省开支
——要做好会议经费预算

　　花最少的钱办最多的事，是预算工作的核心，也是会议组织者所追求的最直接目标。会议预算的两项主要功能是保障会议的各项开支和控制不必要的开支。制订客观、完善的会议预算，让会议组织者对各项开支心中有数，花钱时有据有节。

　　制定再好的会议预算，仍需付诸实行才具有实在意义。在举行会议的实际操作中，如果不对经费严格控管，往往会造成漏洞百出、问题繁多的情况。**所以，应在每个环节上把关，细化会议中可能出现的各种问题，才能真正做到合理开支，达到预订目标。**

确定会议预算是会议的组织者所要面对的第一大挑战。同时，只有控制好费用的支出，精打细算，才能使会议组织得节约、实效，达到目的。

1. 成本核算：会议经费预算的基点

企业组织一定规模的会议，总需投入一定的经费。会议经费关系到举办会议的目的能否实现，甚至影响到企业的经营与发展。因此万万不可等闲视之，必须进行精打细算。一般而言，会议成本分为时间成本、直接会议成本和效率损失成本三种。

（1）会议的时间成本

时间是有价值的，会议的进行必须要占有宝贵的生产和经营时间，必然会使企业损失一定的经济效益，对此应当认真核算、精心组织，以使会议的时间成本降至最低。一般有三种情况会直接加大会议时间成本。

①会议组织者不知道何时是开会的最好时机。

②会议组织者对于何时开会不征询与会者意见。这使得与会者疲于奔波，甚至得延后或放弃参加其他会议。

③有些"必须到会"的与会者，因为已经与重要客户或政府官员有约在先，根本不能出席，这使得会议讨论很难进行。

这三种情况，会议组织者应予以重视，力争避免加大会议的时间成本，降低会议的时效。

（2）直接的会议成本

直接的会议成本即是会议所需的各项开支，分为可变开支和不变支出。

（3）效率损失成本

开会时，主管人员离开自己的工作岗位造成公司整体管理效率的下降，由于管理效率下降而造成的损失，就是效率损失成本。

日本太阳工业公司为提高开会效率，率先实行开会成本分析制度。每次开会时，总是把一个醒目的开会成本分析表贴在黑板上。成本的算法是：会议成本＝每小时平均工资的3倍×2×开会人数×会议时间（小时）。平均工资乘3，是因为劳动产值高于平均工资；乘2是因为参加会议要中断经常性的工作，损失要以2倍来计算。因此，参加会议的人越多，成本越高。有了成本分析，大家开会的态度就会慎重，会议效果也会明显。开会总是时间和人力的耗费，所以应该计算成本。如果每次会前都计算成本并由召集单位支付的话，可能会议次数会大大减少。即使不得已开会，也要尽量减少开会人数，压缩会议时间。

总之，组织任何会议前进行成本核算，这是对企业管理者的一般要求，更是会议组织者的工作责任。没有经费预算、不计投入多少的会议，即使效果再好，也会对企业造成不必要的浪费。这是与现代企业管理要求相违背的行为，应当加以纠正。

2. 列出费用明细，明明白白才是真

会议经费预算也如企业经营管理中所有的预算一样，都需要列出一个不变成本和可变成本的清单。无论到会的人数多少，这些成本都应当包括在预算中。对于会议而言，不变成本的覆盖面较大，包括讲台、会务费用、邀请费用、会议场地订金、后勤费用及辅助费用；而会议可变成本指的是除不变成本外的其他开支。这时需要会议组织者特别注意的是与会的人数。因为列会人数几乎对每一项可变开支都起着或增或减的决定性的作用。**因此，在拿出可行的预算之前，准确了解（估算）与会代表的人数是至关重要的。**

（1）会议的不变成本

会议管理、会议演说者和讲台是会议不变成本中分量最大的内容，因此，会议组织者需要对各个方面的情况有所了解。

尽管因为创造性方法在发生变化，新的想法层出不穷，旧的观念退出历史舞台，会议预算可能会产生相当程度的变化，但所有会务支出还是应该被视为不变成本。说到主要内容，会议组织者应对以下几个方面有所

了解。

①投影。成本包括：屏幕、录像投影机、幻灯机、放像机（备用机）、预看监视器、接口装置、转接开关、讲台监视器、扫描变换器、激光指示器、电缆线、适配器、后勤的提词器、激光器、录像模块制作费用、分发拷贝以及现场链接。

②音响。成本包括：扬声器、讲台麦克风、领带夹式麦克风、手持麦克风、影碟机、多芯电缆、对讲系统、声频混合器、照明系统、电缆线、适配器以及音乐版权或音乐制作费用。

③演说者的各项保障。成本包括：方案制定、图像制作——或采用35mm的幻灯机，或采用电子图像。以平均时间计算，6个小时的商务会议大约需要150个图像。此外还有一些额外的支出，如：复杂的动画图像、印刷校样、演说稿的撰写、演说者的培训、会场内外的演练、活动挂图、笔、外围设备。

④设台。成本包括：设计方案、发言讲台、背景、台阶、装饰、图案、地毯、座位区、特别结构、旗帜、室内装潢（与专场放映场所相仿）、楼层平面图、修改过的布局计划。

⑤灯光。成本包括：方案设计、租用设备、安装、工作人员的报酬、运输费用、敷线及拆除。

⑥工作人员。成本包括：正式工作人员、现场工作人员、拆除设备人员、交通费用、每位工作人员的日津贴（生活补贴）、会议召集者、场记员、会场摄像人员、灯光师、音响技师、图像技师。

⑦费用及保险金。成本包括：会务费、项目费、管理费的意外支出（为所定费用的3%）、设备保险。

并不是每次会议都会带来这些支出，但是，指导原则是创造性的反应—旦做出，就应该有一个固定的预算，任何的超支都需要有个出处。更好的做法是将双方的讨价还价限定在会议因素内部，否则，会议组织者会发现自己不得不在会议期间的饭菜上缩减开支以弥补设台或租用设备的亏空。

⑧邀请过程。无论是通过直接邮寄，还是通过宣传手册发出会议邀请；无论是通过数据库弄清被邀请人的准确情况还是用电话联系；无论多少人将出席会议，会议邀请的设计与安排方面的支出都是一次性的。**随着**

合同的最后期限的临近，还应在预算中加上广告、海报及一些后续活动的费用。

⑨活动场所与合同。如果想租到特别的活动场所，通常可以预付10%的定金以表达会议举办方的诚意。不过热点场所的定金可能要高一些。此外，随着会期的临近，可能还要再付一些钱。一般情况下，会场方面会要求签一份合同，合同的主要内容是具体的房间、日期以及预计到会代表的人数。合同将包括到会人数不足的注销费，因此，从一开始组织者就必须对到会人数做到胸中有数，这个数字可以在增减20%之内变化。

会议组织者如果对会议中心合同中的某一点不能同意——比如说必须接受的服务费用或者必须单独使用会场——只需把它划掉然后签订合同。假如会场方面不同意的话，一定会回来找组织者。会议组织者要牢记在心的是合同不包括哪些内容。组织者应注意会议中心对保安、电、水、椅子、标志、停车服务生、衣帽间工作人员的使用都是收费的，而这些服务在酒店是免费提供的。因为乍一看，会议中心好像比酒店更具吸引力，但是当拿到账单时，会发现会议中心的费用要比酒店更高。**作为顾客，需要在签订合同之前弄清楚组织者是否真的需要会议中心的排场**。更好的建议是：以一个具有可比性的当地酒店为基础做出预算，然后讨价还价，直至做成一笔令人满意的交易。没有什么能比竞争更能让会场方面改进工作了，无论这个竞争是地方性的还是全国性的。

⑩后勤辅助费。假如会议计划的一部分是雇用外面的会议代理公司帮助组织者做会议报到或后勤方面的工作，如果会议代表人数的变化低于20%的话，这笔开支从批准到完成不会有太大的变化。不过要仔细考虑需要帮助的准确时间，如果额外工作的主要内容是会议报到，就没有必要保留这些工作人员一整天，签一份4小时的合同，可省下半天的费用。

⑪准备工作费用。准备工作费用包括：保安人员、停车工作人员、会议标志、秘书工作以及任何其他辅助支出，这些支出与代表人数没有多大的关系。如果每当会场方面向会议举办方提供这些服务，而组织者都说"好"的话，这部分费用加起来可高达整个预算的10%。**记住问清楚它包含什么，能提供多长时间的服务，人力情况如何，以及供应方怎样保证服务质量**。

其他一次性开支可以包括提供翻译、最初的考察费用、会议办公支出、恶劣天气的意外费用等。列出一个详尽的包含一切的一览表。

没有两个会议是完全相同的。虽然不变成本在相当大的程度上取决于举办方与会场之间的合同，但总的来说，会议的不变成本大约为会议总开支的35%左右。

(2) 会议的可变成本

通常可变成本是会议组织预算中分量最重的部分，因此，如果组织者不希望预算失控的话，就应该仔细核实可变支出的内容。假如会议代表人数从一开始就和预计人数有较大的出入的话（对于第三方发行商或者他人付费的会议，情形尤其如此），争取制定一个可变的总预算范围。

可变成本包括：

- 陪同人员接待；
- 计算机服务；
- 合同服务；
- 娱乐活动及观光；
- 展览；
- 实地旅行；
- 酬劳；
- 地面交通及停车费；
- 翻译人员；
- 现场工作人员；
- 与会者手册；
- 名卡；
- 其他便利；
- 与会者材料包；
- 奖品和纪念品；
- 公共关系；
- 保安；
- 其他计划外开支。

除非所组织的是一个定期举行的会议，对其以往的成本模式做过认真的分析，否则就应该抵御住花掉任何额外资金的诱惑。多数会议代表出于计划的考虑，往往很晚才对会议邀请做出反应，这常常带来在会前的最后两个星期有很多人做会议登记的情况——到那时，组织者可能已将他们的可变成本款项花在不变成本上了。

无论是不变成本还是可变成本，会议组织者都需要列出费用明细，并尽可能把可变因素都考虑进去。这样当会议举办时，才不至于因计划不周而加大经费投入，甚至影响整个会议的进行。如何为最后时刻的没有预见到的支出找到资金呢？方法是做一个应急预算。

3. 准备应急预算，以防意外开支

举办任何一个会议，组织者永远都要记住留出预算的15%来对付意外的开支。总会有事情突然出现要动用应急预算，这几乎是不可避免的：

- 重要来宾的突然光临，印刷品可能要重新印刷，然后在最后时刻被送往会场；
- 与会人员可能会在晚宴上饮用更好的酒水；
- 会议现场的电话费账单常常比预想的要高；可能还要找些现金来说服雇来的工作人员通宵达旦地工作以修改图像或重新安排主持人台的布局等。

如果因为会议组织者的工作策划得恰到好处，或者因为会议合作方不那么苛刻，会议组织者没有动用这部分资金，在预算内完成了任务，还能节省会议开支。

预算分配表告诉会议组织者应该如何分配预算。如果可行的话，把这一模式放入一个空白表格程序里，这样，如果到会人数或不变成本内发生变化的话，可以对整个预算进行修改。**能够在审核会上强调从总预算中增长或减少一些内容的效果总是有用的。**如果不这么做的话，很可能会发现开支在不断地增加，一旦会议结束，组织者作为预算的执行者将代人受过。比如：销售部门在晚宴上突然心血来潮，要为在场的每个人提供一杯香槟酒，除了提供香槟酒本身的明显上涨的花销之外，这一举动还能引发

一系列的开支：服务费、购买税以及会议管理公司的手续费。

这部分成本是不成文的，然而又是无法避免的意外成本，包括额外的酒水、会议工作人员的加班工资、额外的饮食服务以及无法预见的后勤开支。这部分开支应在其出现时列入预算，因为它们常常超出了原先会议经费的控制。要做到让可变费用和意外花费绝对精确是不可能的。不过，会议的组织者可以尽早做出一个可行的预算。

4. 制订预算方案，各项支出有据有节

在仔细分析会议的各项支出之后，可以制订出会议的具体预算方案。会议举办之前制订出某种形式的预算，需要考虑到各种影响预算的因素。由于在选择不同的会议地点、进行协商和会议策划中的其他因素发展变化的时候，预算也会随着发生改变，因此会议方面应该经常对预算进行重新检视和调整。**除非进入会议筹备的后期，否则预算始终不能固定下来，即使到了会议筹备后期，预算也仍然需要保持一些灵活性**。最初的预算是以前面的项目清单为基础的。

这里讨论的并不是预算过程中具体的财务系统，因为会议的预算应该使用主办者日常的财务体系，可能与这里给出的清单有些出入。

（1）制订会议财务目标

会议财务目标必须与企业领导层预期制订的总目标相一致。

很多时候，会议财务目标是信誉目标而不是赢利目标。（如：年终庆祝大会可能是为了增强公司在员工心目中的良好信誉和感谢他们在这一年创造了良好佳绩。该活动的开支最有可能全部由某个部门来负担，根本不是期望从中赚钱或是压缩开支。）

而在另一些时候，会议的核心财务目标是为了赢利。（如：面向公众的培训班和展览会，必须赚到钱。）

许多会议筹划人员都不喜欢从事会议财务方面的工作，但是这项工作是非常关键的。实际上，掌握会议预算的人就掌握了整个会议。

预算是协助会议组织者实现财务目标的一个工具。

①测算固定费用。固定费用不随着活动的参加人数而变动，即使实际

收益少与预期收益时,固定费用也不变。项目的市场营销费是一种固定费用。

在筹划活动过程中,同各方面谈判协商时,必须考虑会议组织者所编制的费用预算。在合同即将签定时,问问自己留了多大余地应付因天气或其他因素而产生的出席人数的变化情况。确保任何谈妥的定金或违约费在你方需要支付时你的预算上能提供这笔钱。

②估算可变费用。可变费用是根据出席人数或其他因素的变动而变动的。

另外,在制订预算时,可以考虑会议所能带来的收入。**这样预算案更具有全面性,会议支出的财务压力也会减小。**

(2) 列出会议经费预算分配表

表9-1 预算分配表

不变成本	百分比
1. 会务、讲台、外请演说者	
2. 邀请、推销、策划	
3. 会议室	
4. 会务代理费、最初的考察	
5. 会议标志	
6. 保安、停车安排	
7. 文艺娱乐活动	35%
8. 报到费用	
9. 会议办公、电话、电传费	
10. 恶劣天气的替代活动	
11. 保险、购买税	
第1条的支出可高达总支出的25%	

可变成本	百分比
1. 膳食	
2. 酒水、饮料	
3. 住宿	
4. 旅行	
5. 印刷品	50%
6. 礼品	
7. 搬送行李及停车费用	
8. 社交活动	

可变成本	百分比
应急成本	
1. 10%用于可变成本的意外支出 2. 留出一部分资金以应付货币汇率变化（假如在国外）	15%
总预算	100%

5. 费用控制，少花钱多办事

如果可能的话，会议组织者应该负责预算控制，也就是说，会议预算方面的所有变动应该由组织者提出，或者至少承办者要参与商讨。

在会议策划的某些时刻，会议预算必须得到正式的认可，而且所有相关的人员都应该清楚地知道谁有权认可预算。在大多数情况下，主办者通常拥有这个权力，不过还需要明确主办组织中的哪一个人具体负责认可预算。

（1）预算控制

大致说来，当会议组织者开始对会议进行计划时，可能要监管40余项支出。通过把这些支出分为不变、可变和意外支出，可以尽早对预算实行控制。这样做对商业会议更为重要，因为会议开幕前商业会议的准备费用是有风险的。若能尽早控制预算并且知道在准备过程中组织者在会议支出方面的职责，就能做出明智的判断——是增加还是减少会议开支。

对会议预算的控制，除了前文讲过的一般要求外，组织者要特别注意算出合理的意外支出和定期地检查会议进行中的支出。

（2）支出控制

预算主要是对收入和支出的计划，但是在实际操作中任何一笔支出都需要得到负责人员的许可。这个负责人员最好是会议组织者，否则组织者就会在支出方面没有丝毫责任。

当然，会议组织者要在预算范围内行事，但是预算也有一定的灵活性。为了扩展这种可能性，预算中比较灵活的项目应该有书面的说明。例如，会议组织者是否有权将一个项目的预算转移到另一个项目上，通常的做法是允许组织者自主决定10%（也可以是其他比例）的预算转移。

四、做好会议重要文件的准备

会议文件准备，是会议整个准备工作中的一项重要内容。包括领导讲话稿、会议报告、会议提案、典型材料等文件，都要组织有关秘书人员进行起草，并按照程序进行审核、装订、编号、装袋，保证与会人员的使用，保密文件还要及时收回。

1. 准备好领导者会议讲话稿

领导讲话稿是领导者为实施领导在会议上所作的指示性发言，是各级领导发表意见、部署工作的有效形式。由于领导公务繁忙，一般需由秘书人员代拟讲话稿。所以，撰写领导讲话稿要充分领会领导的意图，体现领导风格，在充分了解会议召开的背景、会议内容、会场情况以及听众身份的情况下进行写作。

（1）讲话稿的内容要求及特点

讲话稿内容要新颖，要能谈出新意来，只有中心突出、观点鲜明，用观点统率内容，内容中又渗透着观点，才能给听众留下深刻的印象。同时，为了达到良好的表达效果，语言要通俗易懂，还要富于特色，适应不同听众的特点。

一般来说，领导讲话稿具有如下几个方面的特点。

①针对性。讲话稿的内容不是随意确定的，而是由会议主题和讲话者身份来决定的。讲话稿是根据会议的主题、性质、议题，以及会议场合、背景，或者听众的身份、心理需求和接受习惯等因素而撰写的。

②原则性。领导讲话稿多与党和政府的路线、方针、政策有关，必须讲求原则，代表党和国家的立场，不能有任何偏离。

③得体性。讲话稿的语言要适于表达，便于听众理解和接受，既要准确、生动，又要简洁明了，与讲话者的目的、身份相吻合。

④集智性。大型会议的领导讲话稿，通常由一个小组来代为起草。因

此,讲话稿是集体智慧的结晶。

(2) 讲话稿的写作模式

领导讲话稿包括首部、主体、结尾三部分。

①首部。首部分为标题、日期和称谓三部分。领导讲话稿的标题有两种写法：一是单标题。由讲话人姓名、会议名称、文种组成,如《××同志在××市纪律检查委员会第二次全体会议上的讲话》。二是双标题。写法是：将主要内容或中心思想概括为一句话做主标题,再由讲话人姓名、会议名称、文种组成副标题,如《把教育工作认真抓起来——××同志在全国教育工作会议上的讲话》。日期是将讲话当天的日期用汉字书写,加括号置于标题下方中央；称谓应根据会议的性质、与会者的身份,分别使用"同志们"（党的会议常用）、"各位代表"（代表大会常用）、"各位专家学者"（学术会议常用）、"女士们,先生们"（国际性会议常用）等。

②正文。正文包括引言和主体两部分。讲话稿的引言有多种写法,归纳起来有下列主要类型：强调时间、空间,概略描述场面,庆祝大会比较多地采用这种引言；表示慰问和祝贺,上级领导出席下属某部门或系统会议时的讲话,较多采用这种引言；开门见山,提出中心话题,在传达精神、布置工作的会议上的讲话,较多采用这种引言。主体作为讲话稿的核心部分,在写作中需要注意的问题无非是主题明确、内容充实、层次清楚、表达通畅、文字准确。

③结尾。相当多的实用文体都不一定要有结尾,但讲话稿不同,它一定要有一个结尾。写结尾要注意两点：首先,结尾要结在必然收束的地方。主要内容表达完毕了,主体部分结构完整了,文章就到了要结束的地方。这时如果还不结束,听众就会不耐烦。其次,可采取自然结束和专门交代两种结尾方式。自然结束不用专门的结束语,但听众都能听得出来,讲话到这里结束了。专门交代则使用模式化的结束语。

(3) 讲话稿的结构安排

主体部分的层次安排主要是并列和递进两种方式。

并列式结构就是将几个方面的问题相互并置地排列起来,说完一个,再说下一个。各个层次之间如果相互交换位置,一般不影响意思传达。在部署工作的会议或总结性的会议上的讲话中，这种写法比较常见。

递进式结构是由现象到本质、由表层到深层的层次安排方法，各层意思之间呈现逐层深入的关系。在统一思想的会议上，较多采用这种讲话方式。

讲话稿的主体，因会议不同、讲话人的身份不同、内容侧重点不同、领导之间先后讲话的次序不同，其写法也会有较大的差异。以上说的两种结构方式只是就大体而言，具体操作起来还需要灵活处理。

2. 准备好大会工作报告

大会工作报告也可称为会议报告，是党政机关、社会团体、企事业单位的负责人代表领导机关在大型会议上，针对本系统、本部门、本单位的基本工作，对全体与会者所做的全面、系统的报告。大会工作报告不同于讲话稿，讲话稿涉及的范围更广，凡是和会议有关的内容都可以作为领导讲话的内容，而会议报告涉及的范围相对狭窄一些，往往和特定的某一阶段的工作相关联。

（1）大会工作报告的种类

不同类型的大会，其工作报告的内容侧重点有所不同。

①汇报性工作报告。一届领导机构任期已满，在本次大会上选举换届之前，由上届领导所做的工作报告，一般都属于汇报性工作报告。党的代表大会上的工作报告，也要对上次代表大会以来的主要工作进行总结汇报。

②传达性工作报告。重点用以传达党和国家的方针、政策、法令、决议，以及上级机关的重要指示和重要会议精神的工作报告，称传达性工作报告。

③部署性工作报告。这种工作报告的内容侧重于对下一阶段的工作进行动员和部署，阐明工作活动的宗旨、任务、目的、意义。

（2）大会工作报告的特点

①政治性。会议报告一般都是国家机关、企事业单位、社会团体的领导人或负责人在重要大会上所做的报告，具有很强的政治性。

②全面性。大会工作报告是对本系统、本部门、本单位的基本工作所做的全面性的报告，有着综合性、系统性、总揽全局的特点。

③集体意志性。大会工作报告虽然是某一领导人在大会上宣读的，但报告的内容却不仅仅是报告者个人的思想、观点和态度，它是领导机构集体意志的反映，在这一点上，它跟主要代表个人意志的领导讲话稿有着本质的不同。

④思想指导性。大会工作报告一般没有具体的指挥性，但思想指导性的特点十分鲜明。大会工作报告的基本功能是：**正确评价以往的工作，明确当前的形势和任务，统一思想、统一认识，在此基础上提出今后的任务和奋斗目标，以便大会之后统一步调、统一行动。**

⑤庄重性。会议报告是大中型会议的一项重要议程，关系到本机关、本部门、本地区乃至全国的全局性工作，其内容和形式都具有特殊的庄重性。

⑥权威性。会议报告人不是以个人名义在大会上做报告，而是体现着领导集体的意志和决断，具有权威性。

（3）会议报告的写作模式

①标题。一般分为公文式标题、文章式标题、正副式标题三种，多采用单标题和双标题两种基本形式。

②称谓。在正文之前，顶左边书写，一般写为："各位代表""全厂干部职工同志们""全体教工代表们"。党的会议，通常只写"同志们"。

③正文。由开头、主体、结尾三部分构成。

大会工作报告的开头，一是要向大会提出审议报告的请求；二是要阐明会议的意义和主题。

主体是报告的主要内容的集中表述，它决定着一篇报告的成败。报告主体，要紧扣论题或主旨，展开分析论述。既要有深刻的理论分析，又要有典型的例证，从各个方面、多种角度，透辟地阐明报告的主题。

结尾，即报告的结束语。这部分从内容上看要注意两点：一是总括全文，作个小结，归纳全篇内容，并做出肯定性结论；二是要有鼓动性和号召力，使听众感到有信心、有力量、充满希望。

3. 准备好会议其他材料

(1) 准备有关典型材料

有些会议，如座谈会、表彰会、报告会需要准备好一些典型材料以作为会议的交流材料，还可以作为刊登在报纸、杂志、网络上的新闻传播材料。典型材料是对先进个人、先进集体进行介绍、宣传而撰写的文字材料。撰写典型材料要保证典型的真实性、代表性，写出典型的特色，突出其特点。既可以使用第一人称，也可以使用第三人称。不能道听途说或者随意拼凑，也不能故意拔高、塑造高大全形象。同时要处理好先进典型与组织、群众的关系，用生动平实的语言表现典型。

典型材料一般具有如下特点。

①典型性。典型性是典型材料的最主要特点。任何典型人物或集体，其事迹都应当能够体现时代特质、时代精神，对社会某一方面的工作具有重大的推动和指导作用。

②真实性。真实性是典型材料的生命，是保证典型个人、典型集体能够真正成为楷模的基础。如果材料虚假，不仅影响典型对象自身的形象，对整个集体都会产生负面影响。

③独特性。个人或集体的典型事迹或典型经验具有鲜明的个性特征，是与其他个人或集体具有明显差别的地方。正是这些差别才使典型个人或集体得以产生。

④感染性。宣传典型的主要目的是希望典型事迹能够在读者心中留下深刻印象，能够产生心理共鸣，从而发挥教育作用。所以典型材料的写作，应注意用细节、用事例去体现人物的品质和精神，以产生强烈的感染力量。

典型材料可分为以下几种类型。

- 典型个人材料：宣传典型个人的材料。
- 典型集体材料：宣传典型集体的材料。
- 典型经验材料：宣传某一单位在某项工作中取得的成功经验的材料。

典型材料的写作一般包括以下两个部分。

①标题。一般分为公文式标题、新闻式标题与正副式标题三种。

②正文。一般包括开头、正文与结尾三部分。不同类型的典型材料开头介绍的内容略有不同。

一般根据不同类型、不同典型的事迹情况，灵活安排主体内容。结尾一般是总结全文，表明对先进人物或集体的评价和赞誉，并号召大家向他们学习，进一步做好本职工作。或者采取自然收束的方式。

（2）对会议提案的准备

有些会议需要准备会议提案。会议提案是有提案权的组织或个人按规定提交会议讨论的书面意见或建议。撰写会议提案必须经过认真选题、细致调查等环节。会议提案所选定的题目一般是社会热点、难点问题，或是亟待解决的问题。提案范围确定之后，还必须经过细致的调查研究，深入挖掘隐藏在现象背后的根本原因，这样，才能对所选定的内容进行细致分析，才能根据原因提出解决的方案。另外，在撰写提案过程中，需要集思广益，广泛征求群众意见，这样才能使提案切实得到解决。

会议提案具有如下特点。

①规定性。会议提案不是任何个人或组织都可以提出的。只有作为会议的正式代表，才能在会议召开期间对会议提出提案，其内容也是由会议主题确定的。

②理据性。提案者需要在掌握客观事实的基础上对问题做出充分的分析、说明，只有理由充分、论证具体，提案才能受到重视，问题也才能真正得到解决。

③可操作性。会议提案的目的是为了解决问题，所以提案的建议、意见和要求，必须具有实施的条件和可能，具有可操作性。

会议提案的写作结构一般包括以下两个部分。

①标题。一般有两种方式：公文式标题，即由提案名称和文种组成，如《关于完善食品安全管理体制的提案》。文章式标题，即概括提案的基本内容，如《完善企业养老保险体系，保障劳动者合法权益》。

②正文。主要包括三方面内容：提案事项，说明提案的主要内容，需要解决的主要问题及表现形式；提案原因，详细分析提案中反映的问题的

根本原因；提案结论，根据问题原因，提出解决问题的建议、办法和方案。此外还包括一些其他相关情况。如说明提案是否经过调研、是否本人撰写或他人委托、是否第一次提出或多次提出等来源情况，以及是否同意公开等。

③落款。注明提案人姓名及提案时间。

（3）会议参考资料的准备

参考资料可提供与会议主题相关的文献和数据，帮助参会者在相关事宜的讨论中做出客观的判断。会议筹备工作中，应根据需要来选择适当数量的参考资料。

参考资料应在会议正式召开之前发给参会人员，可以随同会议通知一起下发，使参会人员有足够的时间阅读。如果参考资料易于阅读而且数量较少，可以在参会人员报到时发放。发放参考资料之后，会务人员应注意督促参会者阅读这些材料，并提醒其到会时携带。

准备参考资料应注意以下几个方面。

- 参考资料应简短且确有必要，避免篇幅过长；
- 如果确实需要采用长篇文章，应在正文之前归纳出提要；
- 参考资料的形式应灵活，提倡采用表格、图表等形式替代文字；
- 所有的参考资料应标有编号并注明"××会议参考资料"或"××会议交流材料"字样。

4. 对会议文件的审核、装订与备份

会议开始前，要精心印制讲话稿、会议日程安排表、会场指示图、宾馆内部示意图，并将以上文件及附送的本市交通图等装订成册，注意不要缺页，要便于携带和查阅。印制这些文件要根据与会人数确定印制数量并注意留出足够的份数，以备与会人员遗失文件时用。印制好的文件要根据与会人员不同的单位、部门、级别整理好，以便分发。

文件的印制、分发应认真负责，保证质量，不出差错。因此在会议文件准备好之后，应做好审核、装订、备份工作。

（1）会议文件资料的审核

会议文件资料审核工作主要审核会议文件的准确性和完整性，以及文件内容与议题的相适性。会议文件审核的方法有三：一是对校法，适用于定稿上改动较多的文件。二是折校法，适用于整洁、改动不多的文件。三是读校法，适用于内容浅显易懂，生僻字、专用术语名词较少的定稿。

对会议文件审核的工作步骤如下：

● 由起草文件的秘书就文件内容进行自审，使会议文件在初始期就能得到严格把关。

● 由主管进行会议文件初审。

● 如会议文件的内容涉及的部门较多，要进行必要的会审。

● 在会议文件审核修改之后，要由主要领导者或主管领导进行终审。

（2）会议文件资料的装订

会议文件资料装订前应严格管理，防止外流和散失。对于文字的校对应该慎重。资料的装订、前后次序不能颠倒或与议程有别。

（3）准备会议资料的备份

会议的资料倘若不是属于机密性质，主办机关除发给与会人员外，应有备份，以供有列席人员临时未带时备用，或提供新闻媒体采访与报道使用。

5. 会议文件准备的具体要求

（1）文件装袋

按照参会人员名单，为每个人准备好一个专用的文件袋，外面填写姓名，并注明"会议文件"字样。

（2）文件编号

对于重要文件，应事先为其编制号码，并在发放时进行登记。文件编号通常印在文件首页左上角处，字体应有别于正文字体。如果文件需要保密，还应注明保密等级。

(3) 注意退回

一些征求意见稿或保密性的文件，需要在会后退回，应附上一份文件清退目录，并提醒参会人员切勿私自带走。

(4) 数量充足

分发会议资料应适时适量。准备会议资料时，不宜严格根据参会人员名单的数量打印相应的数量，而应考虑到文件丢失、参会人员临时增加等各种情况，适当多打印一些留有余地。

(5) 事先送达

内容重要而又需要先送达参会者的文件，可派专人递送或采用传真、特快专递的方式送达。

五、会议的环境布置与设备保障

规范有序、合理布置的会议环境，是保证会议成功的服务内容与必要条件。在会议前期工作中，会议环境布置应严格按照会议服务要求与礼仪程序进行周密的准备，既要突出会议的主题，又要达到烘托整个会场气氛的实质目的。

1. 规范会场布置的形式

会场的布置形式很多，从排列布局的不同可以分为上下相对式、全围式、半围式、分散式等。

(1) 上下相对式

上下相对式是指主席台与代表席上下面对的形式，它突出了主席台的地位。适合于召开大中型的报告会、总结会、工作会、代表大会等。上下相对式可以细分为剧院式和课桌式。

①剧院式。适合听众较多的场合，一般设在礼堂、会堂、影剧院、体育馆等。这类会场在舞台或高出代表席的地方设主席台，并有一定的距离。各种代表大会和其他大型、特大型会议常采用这种形式，显得隆重、

热烈、庄严，主次分明。

②课桌式。如果需要作记录，或者是超过两小时的会，就用带写字板的椅子或布置成排桌子。一般设在中型会议室，也设主席台，但通常不高出代表席，距离也不大，大体上和教室摆法差不多。采用这种形式，显得紧凑、和谐、庄重。

(2) 全围式

全围式的主要特征是不设主席台。参加会议的领导和主持人同其他与会者围坐在一起，容易形成融洽和谐的氛围，体现平等互助的精神。适用于召开小型会议、座谈会、协商会等会议。可以细分为圆桌形等。

若每个小组限于八人以下，而且无须使用黑板或其他展示品，就可用圆桌形会场布置。这种形式主要的好处是参加者能彼此看得清楚，但桌子不一定是圆桌。

(3) 半围式

半围式的主要特征是在主席台的正面和两侧安排代表席，形成半围的形状，既突出了主席台的地位，又增加了融洽的气氛。半围式适用于中型的工作会议、座谈会、研讨会等，可以细分为U字形、T字形等。

①U字形。U字形是一种最普遍的形式。将桌子连接着摆放成长方形，在长方形的前方开口（空出一个短边），这种形式一般需要3张或3张以上的桌子，椅子摆在桌子外围，通常开口处会摆放搁置投影仪的桌子，中间通常会放置绿色植物作为装饰，主持人坐在离U字形一端稍远的桌子，常用于学术研讨会等类型的会议。此种台型容纳人数较少，能体现民主与团结的气氛，这样不但便于与会者与主席之间的沟通，而且也便于与会者之间的交流。

②T型。T型布局最适合进行小组讨论。T字的顶端是发言人的座位，因此不应该向两边伸出太多。

(4) 分散式

分散式即将会场座位分散为由若干个会议桌组成的格局，每一个会议桌形成一个谈话交流中心，与会者根据一定的规则安排就座，其中领导人和会议主席就座的桌席称为"主桌",适用于召开规模较大的联欢会、茶话会等。可细分为圆桌形、方桌形、V字形等。

V字形布局可以使与会者彼此看到,以便增加相互间的目光交流。同时,这种布局也可以让发言人方便地看到与会者。如果发言人不喜欢和与会者分开,则可以采取倒V字形布局,具体情形要根据V字的角度而定。

会场布置的形式还有并列式。并列式座位格局适用于双边会见和会谈,将双方的座位安排为面对面的并列式、侧面并列式或弧形并列式。

2. 合理安排好会场座位

排列座次是会场布置的一项重要工作,座位编排与会议成效的高低具有密切的关系。合理的座次排列能使与会人员有固定的座位,感到舒适方便,会场也显得整齐有序。

(1) 排列座次的几种方法

会场排列座次一般有如下几种规则。

- 凡要正式公布名单的,按照名单先后顺序排列座次。
- 按照选举得票多少排列座次,得票数一样的,以姓氏笔画为序排列先后。
- 按照姓氏汉语拼音字母字头为序排列先后。
- 按照姓氏笔画为序排列座次。

会场排列座次方法很多,典型的有横排法、竖排法、左右排列法及自由择座法等。

①横排法。即按照公布名单或以姓氏笔画为序从左至右依次排列座次。先排出席会议的正式委员(代表),后排候补委员(代表)。

②竖排法。即按照各代表团成员的既定次序或姓氏笔画顺序代表沿一条直线从前至后依次排列座次,正式代表在前,候补代表在后。每个代表团的排列次序按固有顺序从左至右排列,或以会场中心座位为基点,向两边交错扩展。

③左右排列法。即按照公布名单或以姓氏笔画为序,以会场或主持人台中心为基点,向左右两边交错扩展排列座次。中国传统习惯以左为上,

排在第一位的居中而坐。以此为基点，其余的以居中者的左手方为第一顺序，一左一右，依次排列。

④自由择座法。就是不排定固定的具体座次，而由全体与会者完全自由地选择座位就座。

(2) 主席台座次的安排

一般与会者多、规模较大的会议，在会场上要设主席台。

具体说来，安排主席台座次时应遵循以下几点规则。

①主席台座次的编排应编制成表，先报主管上司审核，然后贴于贵宾室、休息室或主席台入口处的墙上，也可在出席证、签到簿或会议手册上标明。在主席台的桌上，必须在每个座位的左侧放置姓名台签，以便领导同志对号入座。

②主席台座次排列，应以主要负责人为中心，然后按职务一左一右排列（按照我国传统以中心人的左方为上，若在台下看，即为右方）。若主席台上人员为双数，将主要负责人定位后按职务一右一左排列。

③几个机关的领导人同时上主席台，通常按机关排列次序排列。可灵活掌握，不生搬硬套。如对一些德高望重的老同志，也可适当往前排，而对一些较年轻的领导同志，可适当往后排。另外，对邀请的上级单位或兄弟单位的来宾，也不一定非得按职务高低来排，通常掌握的原则是：上级单位或同级单位的来宾，其实际职务略低于主人一方领导的，可安排在主席台适当位置就座。这样，既体现出对客人的尊重，又使主客都感到较为得体。

④对上主席台的领导同志能否届时出席会议，在开会前务必逐一落实。领导同志到会场后，要安排在休息室稍候，再逐一核实，并告之上台后所坐方位。如主席台人数很多，还应准备座位图。如有临时变化，应及时调整座次、名签，防止主席台上出现名签差错或领导空缺。还要注意认真填写名签，谨防出现错别字。

3. 会议场地装饰应突出主题

会议场地的装饰布置，一般指利用色调、尺寸和装饰进行会场设计布置，以适应会议中心内容的需要，起到突出会议主题和烘托气氛的作用，达到企业宣传的实质目的。拟订布置会场的方案时，要讲究一定的科学性、合理性和艺术性，更应细致周到，一般应考虑如下项目。

(1) 主席台的装饰

会场主席台是与会人员瞩目的地方，也是会场布置的重点。现在一般在主席台前设讲台。用于发言人讲话。主席台后方通常会搭建起一块主题背景（彩喷材料）板，背景上有会议主题及主办机构信息；背后悬挂会标或旗帜；会议名称的标语悬挂在主席台上方；主席台上可适当摆放鲜花点缀；主席台要求红色地毯，绒布主持台；主席台设席位若干，主席台两侧挂大型白色投影幕，配备激光指示笔；主席台配置有线/无线麦克风、茶水杯（或者瓶装矿泉水）。

(2) 色调的选择

色调在这里主要是指会场内色彩的搭配与整体基调。与会议内容相协调的色调，可以对与会者的感官形成一定的刺激，在其心理上产生积极的影响。色调要与会议内容、对象、气氛相适应，能考虑季节因素更好，包括地毯、窗帘、桌布等。法定性、决策性会议，以褐红色、墨绿色为主，显示隆重、庄严的气氛；庆典性会议则以暖色调为主，显示喜庆、热烈的气氛。

(3) 幕布的选择

可选择一层幕，也可根据需要选择多层幕。但底幕应选用重质材料，分幕可用轻质或亮彩材质。在幕布的周围可加简单的配色构图或人物构图，这样既简练大方又美观。整个幕布的色彩要搭配得当，主次分明，特别要突出企业独有的特色来，当然喜庆是不可缺少的。此外，可在幕布底边处点缀些鲜花或气球等具有动感之物，效果更佳。

(4) 徽标的布置

在主席台或主席位的上方悬挂会标和会徽。会标一般要标明会议的全称，多用宋体，红底（蓝底）白字，有的会议如追悼会则应用黑底白字。主席台底幕上有时需要加挂徽标，如党徽、司徽、会徽等。还可将公司的商标（如果企业的商标比较美观的话）作为幕布的"幕眼"镶于幕中。

(5) 标语的布置

会场入口处及会场内是给与会者进出时的首先印象，可适当悬挂一些鼓动性、庆祝性的标语。标语应该是口号式的，字数不宜过多，也可以用气球悬挂。庄重严肃的会场悬挂的会标通常是红布作底衬，再印上白色的字幅。小型会议，在会场前面的墙上或黑板上可以剪贴或写上字体端庄的标语。

(6) 指示标志的设置

在较大的会场，指示标志对于与会者迅速地找到会场位置非常重要。要在会场入口及场内悬挂或放置指示牌，指明各座区的方向和方位。

(7) 报到台的布置

报到处即供来宾签到或咨询以及办理手续的地方，在报到处的后方设置签到处背景板，更能体现会议的专业性；报到台的设计要根据需要用中英文字母醒目标出，才能引起来宾注意。

(8) 花摆的装饰

花草是软性的视觉注意力。根据会议性质和主题需要，在主席台底幕下、主席台与代表席的隔离处、讲台和会场四周可适当摆放若干花草盆栽，以表达会场的热闹和生气，又不失庄重。VIP室、签到桌及讲台等位置一般都应放置鲜花，开业典礼及其他庆典往往还需要花篮花门等装饰。在主席台后侧适当摆些棕榈树、花草植物盆栽，显得既庄严又朴实，这对烘托会场气氛，营造优美的环境很有好处。

4. 会场环境布置的美化与和谐

会场环境的美化对活动本身具有很强的视觉影响力和感情穿透力，因此，会场布置一定要注意环境因素的作用。佛要金装，人要衣装，会场重视"装扮"，才能充分体现出主办方的诚意。

会场布置不仅包括主席台设置、座位排列、会场内花卉陈设等，同时还要考虑会议的性质、规格、规模等因素。会场的整体格局要根据会议的性质和形式营造出和谐的氛围。中大型会议要保证一个绝对的中心，多采用半圆形、大小方形的形式，以突出主持人和发言人；中大型会场还要注意进、退场的方便。小型会场要注意集中和方便。

(1) 会议场地布置

会议场地布置应考虑会议的性质及与会人数的多少。例如，在提供信息的会议里，倘若人数众多，则以不设桌子的戏院式安排或是设桌子的教室式安排较为理想。在解决问题的会议里，假如人数不多，则最理想的安排是让每一位与会者均环绕桌子而坐，这样可方便每一个人跟其他的人进行多项沟通。倘若人数众多，则最好是将与会者分成若干小组，每一小组各聚在同一桌子周围，这种安排的好处在于方便分组讨论及综合讨论。

(2) 会场整体环境

不利的会议场合包括：嘈杂的声音、极不舒适的座位、过高或过低的室内温度、不时地有外人搅扰、环境陌生而引起的心力交瘁感、没有引导同事私下交谈的机会，等等。这些环境因素会影响与会者的注意力，从而导致效率的低下。布置好会议环境，使之有利于会议的顺利进行，一般来说，室内会场应考虑以下因素：

①光线。照明要明亮而不耀眼，通常使用人造光源。亦可利用阳光，但应备有窗纱，以防强光刺目。使用人造光源时，要合理配置灯具，使光线尽量柔和一些。

②声响。室内应保持宁静，房间不应临街或在施工场地附近，门窗应能隔音，周围无电话铃声、脚步声等噪声干扰。

③温度。室内最好能使用空调机和加湿器，以使空气的温度与湿度保持在适宜的水平。温度在 $20℃$，相对湿度在 $40\% \sim 60\%$ 之间最合适。一般情况下，也至少要保证空气的清新和流通。

④色彩。室内的家具、门窗、墙壁的色彩要力求和谐一致，陈设安排应实用美观，留有较大的空间，以利于人的活动。

⑤装饰。谈判活动的场所应洁净、典雅、庄重、大方。宽大整洁的桌子，简单舒适的座椅（沙发），墙上可挂几幅风格协调的书画，室内也可装饰以适当的工艺品、花卉、标志物，但不宜过多，力求简洁实用。理想的会议室应该是座位不拥挤，视线好，听得清。

(3) 会场整体布置

会场整体设置包括会场地点、大小、形式的选择和色调、装饰布置、附属设施及座次排列、也包括相关或毗邻的建筑物、通道和区域的美化等。利用色调、尺寸和装饰进行会场设计布置，适应会议中心内容的需要，起到突出会议主题和烘托气氛的作用，达到企业宣传的实质目的。

5. 会标、桌签、座签的制作

(1) 制作会标

会标是会议名称的标志，根据会议类型或主题，会标可以横幅或展板的形式显示。通常较庄重正规的会议应制作横幅，即会议的会标都是以红布横幅作底衬。其制作方法主要有三种。

①选用适当规格和颜色的纸张，用广告色书写，随后将书写有会议名称的纸张均匀地排列并固定在横幅之上。

②按照适当的规格，将会议名称的每一个字用铅笔在白色（或黄色）胶版纸上打出草稿，随后将字剪下并排列固定于横幅之上。

③请广告公司用专业设备将颜色适当的不干胶纸，按照电脑设计好的字形刻出，并粘贴于横幅之上。

在制作会标时，每一个字的规格，要根据主席台的台口宽度和会议名称的字数确定。具体方法可按下列公式进行：

会标每个字的规格 =（台口宽度 – 间隔）/（字数 +2）

(2) 制作桌签

会议桌签是在会议活动中标明桌号和就座人身份的标签。桌签多用于茶话会、宴会等会议。会议组织者在发出会议请柬时一般在请柬上同时注明桌号，使与会人在进入会场后能按桌签所标明的桌号入座。

(3) 制作座签

会议座签是在会议的各席位上标明就座人姓名的标签。会议座签一般在引导与会人员时使用。常用的座签有两种形式：一种是三棱形，一种是卡片形。

①三棱形座签是用硬质材料做成的三棱柱体，平放于桌上。在柱体前后两面夹层插入就座人的姓名卡牌即可。这是目前会议活动中较多使用的一种座签形式。

②卡片座签是一种最为简单的座签形式，多在一些宴会或招待会上被采用。此种座签是用卡片纸做材料，按适当的规格剪出一个长方形，然后再将一端剪成锥形，写上就座人的姓名后，将锥形部分后折90度平放于桌上即可。

6. 会议视听设备及其他物品的准备

现代科技的发展为会议的开展提供了极大的方便，办会者可以根据预算及会议需要从中选取适合的设备。需要注意的是，在召开会议前，必须先检查各种设备能否正常使用，如果要用幻灯机，则需要提前做好幻灯片。录音机和摄像机能够把会议的过程和内容完整记录下来。有时需要立即把会议的结论或建议打印出来，这时就需要准备一台小型的影印机或打印机。

（1）会议常用的视听器材

◇ **麦克风**

麦克风是会议必需的设备，它主要有以下几种类型。

①微型麦克风。这种麦克风需要挂在脖子上或夹在衣领上，演讲人可以四处走动，而不会影响声音传送。

②手持麦克风。手持麦克风是一种传统形式的扩音器，分有线和无线两种。

③固定桌面麦克风。固定安放在讲台上或桌子上的麦克风，演讲人讲话时不能离开讲台，限制了演讲人的行动。

④落地式麦克风。这种麦克风放置在可伸缩的金属架上。

◇ **屏幕**

屏幕可以是固定在墙上的墙式屏幕，用时放下，不用时可卷起，也可以是能移动的三脚架式的屏幕。由金属材料制成的固定三脚架可放在会议室的任何地方，具有灵活、轻便、多功能的特点，常用于小型会议。

◇投影仪

投影仪在教学中很普遍，在会议中也经常使用。投影仪与计算机连接，即可将计算机中的资料投放到屏幕上。

◇激光笔

激光笔只有一支香烟大小，是利用激光原理制成的，可以发出红色光点，投影到白板、银幕或其他对象物上，起指示作用。它光束集中，投射距离可达100米之远，不阻挡视线，可以替代教鞭，增大了使用者在会议厅的移动范围，而且很灵活。它需要使用纽扣电池。

◇幻灯机

幻灯机近年来有了很大的改进，倒置插入的幻灯片已逐渐被幻灯片盘所取代。只要将幻灯片正确放入幻灯片盘，就可以自动操作。随着手提计算机与投影仪的日益普及，幻灯片的使用率也越来越小。

◇幕后投影仪

幕后投影仪放置于屏幕后面。从会议室的座位上是看不见它的。一般在屏幕后需要6.1米的空间。虽然图像不如幕前放映机那么清楚，但可使会议室看上去很整洁，因为屏幕后所有的设备都看不见。

◇录像机、闭路电视

与会者可以离开会议室，到接有装置的地方收看电视录像。录像磁带在培训会议中被广泛使用，这是声音与图像的一种新结合体。它能将演讲内容事先录成声音和图像，然后播放，并且可以重复播放。

◇DVD机

用于放映光盘，取代录像机。其自身体积小，操作方便，所放的光盘小而薄，可压缩大量图文、声像信息，而且清晰、保真、制作价格也不贵，比录像带更易携带。

◇可视电话会议系统

开发计算机、电视和电话功能，使之互相匹配，能同时传输声音、数据和图像，这种集声音、数据、图像于一体的通信设备，就是可视电话会议系统，即会议电视。其基本特征是：可以在两个或两个以上接收终端之间点对点或一点对多点地实时传递活动图像和声音，还可以传递文件、图表、照片和实物的图像。它能将彼此相隔很远的多个会议室联结起来，使各方与会人员不仅可以听到音，还可看到图像，可以"面对面"交谈，适合于召开各种会议和现场交流。

◇ **电视屏幕墙**

电视屏幕墙是一种新型的会议视听设备，其高科技特点体现在它的图像大且十分清晰、色彩鲜艳、声音效果好，可连接电视机、录像机、摄像机、计算机、VCD 机等。与多媒体投影仪相比，电视屏幕墙放映的图像巨大，适合大型会议，让距离较远的与会人员看得清楚，还能同步播放现场会议情况。

（2）会议常用的其他物品

◇ **饮料**

会议上的饮料最好用矿泉水，因为每个人的口味不一样，有的人喜欢喝茶，有的人喜欢喝果汁，还有的人喜欢喝咖啡，所以如果没有特别的要求，矿泉水是最能让大多数人接受的选择。

◇ **签到簿、名册、会议议程**

签到簿的作用是帮助了解到会人员的数量、分别是谁，一方面使会议组织者能够查明是否有人缺席，另一方面能够使会议组织者根据签到簿安排下一步的工作，比如就餐、住宿等。**印刷名册可以方便会议的主席和与会人员尽快地掌握各位参加会议的人员的相关资料，加深了解，彼此熟悉。**

◇ **黑板、白板、笔**

在有的场合，与会人员需要在黑板或者白板上写字或画图，从而说明问题，虽然现在视听设备发展得很快，但是传统的表达方式依然受到很多人的喜爱，而且在黑板或白板上表述具有即兴、方便的特点。此外，粉笔、万能笔、板擦等配套工具也必不可少。

◇ 资料、样品

如果会议属于业务汇报或者产品介绍，那么有关的资料和样品是必不可少的。比如在介绍一种新产品时，单凭口头泛泛而谈是无法给人留下深刻印象的。如果给大家展示一个具体的样品，并结合样品一一介绍它的特点和优点，那么给大家留下的印象就会深刻得多。

7. 对会议设备及用品的检查落实

在会议召开之前，为确保准备工作做得完备，必须对会议设备及用品进行全面的检查，以防百密一疏，影响会议举行。

(1) 做好会议设备的检查工作

①提前到达会场，检查空调设备，必要时做好开机准备，空调设备一般应在会议前两小时开机预热或预冷。

②检查好会场灯光、扩音设备。

③检查黑板、白板，确保已擦干净，准备好粉笔、指示棒、板擦等。安放好图架，准备好配套图表和足够的纸张。

④**一些重要会议的主席台或会议桌上事先要摆好就座者的名牌，注意名牌文字的大小要适当，清楚易认。**如果是工作性质的会议，名牌底色宜用白色；如果是庆典或总结等类型的会议，名牌底色宜用淡粉色。

⑤在每人座位前摆放纸笔等所需文具（或签到时发放）。

⑥投影仪、屏幕、录音设备等需要在会前安放好。

⑦如果有选举、表决、表彰的议程，还需准备好投票箱、计数设备和奖励用品。

⑧会期较长的会议，要安排好茶水饮料，并指定专人服务。

⑨如果是电话、视频会议，需提前检查线路，保证传输效果良好。

(2) 检查会议设备的注意事项

①会务工作人员应在会前向设备供应商明确咨询具体的解决程序。如果会议租赁的设备比较多，要提前向租赁公司问清楚其免费提供的各种服

务的范围和联系方式。

②在会议召开前由专门人员负责检查所有设备。

③会议检查人员应该有一个可以请求紧急帮助的电话号码,以便与相关部门进行联络。如果会议过程中出现了紧急情况,可以判断应该先处理哪里的问题。

④有些设备故障(如灯泡报废等)可以由会议工作人员自行处理,因此在可能的情况下,应该在会场准备一些备用的设备。**无论问题多么简单,都不应该让与会者和发言人参与紧急维修。**

⑤发现设备故障要及时请有关的公司和专业服务机构派人修理。

⑥有些设备在出现故障时最好更换新的设备,等到会议结束后再进行修理。

第三章
主持人应在会上发挥灵魂作用

会议主持人是作为会议主体的代表对会议活动的整个过程担任主要指导责任，进行全面组织和对会议进程实施有效控制的人，又称执行主持人、会议召集人等。会议主持人的职责，就是根据会议的性质、目的和要求，按会议议程规定的内容，承担起组织与会人员，完成会议规定的任务，实现会议目标的责任。会议主持人应成为整个会议的灵魂人物，他必须能认识到所有与会者的优势和劣势，并能利用他们的积极性为会议服务，是一个知道怎样发掘与会者潜力的人。会议主持人肩负着主办好会议的重要职责，在某种意义上说，主持人决定着会议的成效甚至成败。

一、明确职责，担当会议灵魂
——会议主持人的角色定位与责任担当

会议主持人是会议中最重要的角色，也肩负着很重的责任。会议主持人的风格、思想、魅力在主持会议过程得到充分展现和迅速传播。在会议上，会议主持人无疑是会议进程的动力和向导，他必须掌握因势利导处理难题的艺术。这些难题有：解决争端、控制感情、传递信息。为此，会议主持人要唱好以下三部曲：使会议进入程序、控制会议进程和成功结束会议。会议主持人应起指挥员或向导的作用。他既像法官，又像调解员。

1. 会议主持人是会议的灵魂人物

会议主持人是一种临时性的职务，又称执行主持人或会议召集人等。该职务的临时性在于这种职务只存在于会议期间或主持会议的时候，会议结束这种职务就自然消失了。

会议主持人是会议的一个核心的角色，起着特殊作用，直接影响到会议的成败。

作为会议主持人，在主持会议的时候，要想更好地完成会议的组织工作，必须明确自己的角色和权力。

一个重视议事效率的主持人，对于应付会中的临时状况，应有两手绝活。从扮演与会者互动的桥梁，控制讨论方向不致离题，到刺激与会者进行批判性思考，都有赖主持人的经验与智慧。主持人主持时要打开"第三只耳朵"以发挥功能，下面是会议主持人的工作内容。

（1）营造和谐气氛

当严肃与紧张气氛弥漫在会议中时，与会者就很难畅所欲言。要鼓励与会者发言，主持人除了应尽可能减少发言以避免暗示何为其偏好的意见外，更重要的是要营造和谐气氛。当与会者的发言带有批评意味时，主持人要避免露出不悦或接话反击，否则就很难让会议有和谐气氛。

(2) 按议程进行

这是为了让与会者对要讨论的事项有心理准备，也方便在讨论每告一段落时，检查有无该议而未议的问题。另一方面，也让与会者对会议议程有清楚的概念，可避免讨论失控。倘若议程表来不及在会前发给与会者，也应该在会场利用视听设备公开展示。

(3) 总结会议内容

会议进行时，主持人有必要在讨论每告一个段落时，将结果做一次总结。负责总结的人当然不一定是主持人，可以由会中自愿担任此工作的人来做。**此人要有系统地陈述讨论过的内容及达成的协议。如有疑义立即修正。**总结完毕后，主持人再宣布开始下一阶段的讨论。总结的目的也是使会议能按照既定的方向进行，避免忽略任何有建设性的意见。

(4) 引导发言者解释其发言中令人困惑的内容

有些发言者可能不善言辞，或喜欢用专有名词，发言内容常常让人一头雾水，不解其意。这种情况下，其发言常常被曲解。因此，主持人发现有令人困惑的发言，而又没有人提出质疑时，就应立即有礼貌地对该人做出反应，如说："等等，杨代表，我不大懂您讲的'决议拟态'是什么意思。可以给我们举一个具体的例子吗？"

(5) 协调与会者发言权，尊重少数人的意见

有时少数人的意见在日后才被证明是对的。主持人要使与会者了解到，即使不同意他人的看法，也要尊重他人发言的权利。主持人的工作就是要在当少数人的意见被压制时，尽可能让他们多发言，毕竟少数人所提出的反向思考，有时对提高决议质量有很大帮助。

(6) 减少与议题无关的争辩和讨论

无关的争辩指的是，发言者情绪化地让他人承认其想法是错误的，这样就会产生不必要的争端。当这种情况发生时，主持人要立即打断他的发言，说明其争辩的内容与讨论无关，但是若其争论内容没有离题，则可鼓

励继续辩论下去,因为这样反而对于判明议题的优劣有正面帮助。

鉴于会议主持人的特殊性,主持人在会议前应积极充分准备,确保会议的成功举行。

表3-1 会议主持人准备表

会议名称	(检查)
日　　期	
地　　点	
出 席 者	
主 办 者	
出席者之性格倾向	
会议目的	
希望意见一致之事	
情　　报	
资　　料	
进行步骤	
时间分配	
分配工作	
准备布置	
费用·经费	
[记载事项]	

2. 会议主持人的职责

一般而言,在会议活动中,会议主持人的职责主要有以下各项。

(1)作好会议的开场白,引导会议的召开

主持人担负着宣布会议召开的任务,在会议的开始,要向与会者作好会议的开场白。他要告知与会者召开会议的目的、内容、方式、进程和要求,必要时还要宣布会议的纪律和规定。明确地向与会者交代会议的宗旨和会议的议题，这是主持者在会议过程中首要的职责和任务，也是开好会议的前提和基础。

（2）对会议主题的引导

①在开始讨论任何议题时，应明确该议题所要达到的目的。会议主持人要确保所有成员理解所讨论的问题以及为什么讨论这个问题。所讨论的问题可能是大家以前经历过的，也可能不是。如果不是，主持人或者主持人指定的人应该给出一个简单的介绍，包括该议题列入议程的理由、问题的来龙去脉和目前的状态、已经建议或调查研究的路线、需要的行动方针、争论的焦点，等等。

②避免误解和混淆。对于不明白的论点或者难以理解的论证，主持人应该要求发言者加以澄清。如果发言者使用了错误的概念，他应该进行干预。

③引导会议走出毫无结果的争论或者与议题毫不相干的领域。有时人们在还没有澄清问题的原因时，就开始讨论行动方针了；或者在某一个问题上争论不休而又无法得出结论；或者离题太远。主持人必须仔细倾听，以便采取措施使会议继续进行。

④做过渡性的总结。对发言或议题做一个过渡性的总结，这样会帮助与会者理清思路，把握要点。

⑤不要拖延会议，按时结束讨论。在会议已经达成共识时，主持人要及时结束讨论。遗憾的是，有时主持人没有意识到已经达成了共识，而使讨论又延续了一段时间。一旦主持人发现会议出现以下情形时，就应该及时采取措施结束会议：A. 更深入的讨论需要更多的事实和依据；B. 讨论表明，需要一些没有出席本次会议的人的看法；C. 与会者需要更多的时间来思考议题，并可能需要同其他同事探讨；D. 情况正在发生变化，需要进一步解释决策的理由；E. 本次会议没有足够的时间来充分审核该议题；F. 该议题可以由两三个成员在会议之外处理，而不必占用其他人的时间。

⑥在每个议题讨论的最后，领导者就已经达成一致的内容给出一个简短、清晰的概括。它可作为实际会议中的口授内容，这样不仅有助于进行会议记录，也有助于人们理解已经在会议上所取得的有价值的东西。如果在概括中包含了某一会议成员的行动，则应要求他确认自己在行动中所要

承担的责任。

（3）做好针对与会者的工作

会议主持人如同导演，与会者如同演员，演员的行动要听从导演的指挥，为了使演员能与导演协调配合，开一场圆满成功的会议，会议主持人必须处理好与与会者的关系。会议主持人的插话、引导要做到有礼有节，不把自己的意志强加于人，也不过早地表明自己的观点，以免先声夺人，给与会者造成"定调子"的感觉。会议主持人对要讨论的问题要有所准备，以便能够更好地诱发与会者发表意见，多倾听与会者的看法，充分发挥与会者的聪明才干，从而更为全面、客观地分析问题。其次，要适时地终止辩论。有时辩论已经达成了某种妥协，但主持人却没有发现，结果是"夜长梦多"，节外生枝。及时终止辩论的情况有多种，如基本一致就及时终止、求同存异而及时终止等。最后，简明扼要地归纳。**每一项议题经过讨论后，主持者应当简明扼要地将决议的结果报告给与会者，同时留下记录。**

（4）对与会成员行为的控制

作为主持人，要使会议更为有效地进行，就必须对会议加以控制，避免某些与会者牵制和拖延会议议程、阻碍会议目标实现。

①对付迟到行为。准时开始会议会使迟到者吸取教训，使他们意识到，即使没有他们，会议还是照常进行了。另外将迟到者和早退者列入会议记录，这种做法不仅表明在制定某项决策或讨论某个问题时他缺席了，而且在提醒他缺席的信息可能会公布于众，而人们通常不希望关于自己的这种信息被公开，因此这种做法能很好地强化未来会议的准时性。

②控制喋喋不休者。喋喋不休的人是指在会议上花很长的时间讲很少的信息的人。主持人可以建议他最好写个报告来详述观点。

③引导发言。在大多数会议上，多数人在多数时间是保持沉默的。沉默可以表示同意，或者没有什么建议，或者在更多地倾听与等待，对这些沉默不必担心。但是如果是缺乏自信的沉默或者对抗的沉默，则需要主持人来加以引导。有人想提出建议和意见，但是担心所提出的意见没有价值，会遭到反对，因而保持沉默。引导这样的人表述自己的意见时，主持

人应表现出兴趣和喜悦来鼓励其发言，尽管你可能不必非要同意这些意见。对抗或敌意的沉默，尤其是对主持人的敌意或是对会议本身和决策过程的敌意，常常蕴藏着某种轻蔑的情绪，预示着某些事情的爆发。**事实上，有些事情爆发要比不爆发更有利于问题的解决，因此主持人要适当引导人们理性地表达自己的意见和感受。**

④保护下级。参加会议的下级人员可能招到他们上级的反对，这是很自然的事情，但是如果这种反对发展到下级成员没有权利来发表自己意见的地步，会议的作用和功能就被削弱了。所以，主持人必须尽力维护下级的权利，就其所谈内容的价值来肯定他们的观点，或者对他们的观点进行书面记录，来强化和鼓励他们的行为。

⑤鼓励思想碰撞，避免个体的冲突。好的会议不是与会者间的一系列的对话，而是伴随着领导者的引导、思考、激励、概括，以讨论、争辩的方式进行交流，最终产生有价值的结果的过程。然而，会议必须是观点的争论，而不是人的冲突。**当两个人开始变得激动时，主持人应该向中立态度的成员征询意见，扩大讨论，要求他们提出纯粹的、现实的答案。**

⑥提防对建议的压制。往往与会者提出的建议比阐述的事实和观点更容易受到嘲笑，如果会议中有排挤现象，就更容易形成对某人的建议加以压制的现象。如果人们感到提出的建议会招致嘲笑、会被压制，他们就不会提出任何建议。尽管所提出的建议不一定都会有什么结果，但是应该给所有的人以提建议的机会。当有人提出建议时，主持人要特别关注和表现出足够的热情，尽可能避免其他人压制该建议的做法。比如你可以从建议中挑出最好的部分，让其他成员加以补充和讨论。或要求嘲笑者或压制者就该问题提供更好的建议等。

⑦把资深人士的意见放在最后。虽然这不是一条规则，但一个具有高度权威的人的发言，极有可能使资历稍浅的成员受到抑制。让与会者按照资历由低到高的顺序发言，比由高到低的顺序更有利于传播信息。

（5）对会议做出总结，宣布会议的结束

在完成会议的各项任务和程序后，主持人就要对会议的全过程作简要的回顾，对会议的执行情况和会议所取得的成果进行全面、客观的总结，对不能确定的或未解决的问题，则要做出解释说明。总结要力求全面、扼

要、准确。

3. 会议主持人的素质与修养

会议是现代领导者开展工作和互通信息的手段之一。会议能否成功，与会议主持人的素质和修养关系甚大。

（1）切忌一言堂

主持人在主持产生思想观念的会议的时候，其领导艺术在于：**切忌一言堂，要发扬民主，提倡百家争鸣，能将其中的精华吸收到自己的总结中来**。千万不要在与会者发表了10条意见之后，领导者发表排斥这10条意见的第11条意见，这样下去，久而久之，参加会议的人就少了，会议的气氛也必然窒息。这对领导者来说，是种很大的危险。

（2）注意发挥各人的个性

领导者最容易犯的毛病，就是在会议上强行通过自己的意见。这些领导者总是不切实际地希望下属与自己有着同样的个性、看法和想法。这在客观上是根本办不到的。领导者不仅应当承认还必须尊重他人的个性，并善于设法利用他人的个性去争取工作的成功。

（3）加强引导，批评要有建设性

既然会议是一个群体进行讨论，总难免会发生某些冲突，有时甚至进行人身攻击。在这种情况下，会议主持人往往不得不对某个人或某些人进行批评。但是批评时应当竭力避免同他们发生冲突，如果会议主持者与他们发生直接冲突，会议就会陷入僵局。在批评之前，主持人最好先对他们作一番鼓励和夸奖，营造友好氛围，然后再良言苦口，善进忠言，并且应当在批评中带有建设性，使被批评者真正明白其道理。

（4）声音要洪亮，举止要适当

会议主持者洪亮的声音，会立即反映出他的朝气、信心和魄力，有一种无形的感染力。会议主持者应当注意举止要适当，比如，不必过分地指手画脚，不应咬着烟斗讲话。动作也要注意，如不时地推眼镜，把眼镜拿下来擦一擦，玩一玩手上的铅笔，摇摇头，抖抖腿，等等，这些事情虽然

很小，但却会分散与会者的精力，影响领导者的威信。

(5) 会议的时间不可太长

据生理学家的研究，参加开会和讨论时，人的脑力最佳状态只能保持40~45分钟，人在生理上产生疲劳感的界限是1小时。超过这个界限，与会者的注意力就会松懈，会场上就会出现窃窃私语和轻微的骚动。在这种情况下，主持人如果坚持继续开会，多数发言者就只能重复别人的发言，而表现不出创新。生理学家们给这种状态专门取了名称，叫作"反面活动阶段"。在这个阶段，与会者变得很难驾驭，这一阶段通过的决议，容易带上"激进"的色彩。如果会议开得再长，许多与会者一心想快点散会，将会对通过的决议采取无所谓的态度。因此，最紧凑最有效的会议，一般不应超过1小时。**多数与会者需要30~40分钟才能恢复良好的自我感觉，这样才能保持良好的会议效果。**

(6) 要避免炫耀自己的业绩

会议主持人在会上吹嘘自己的业绩，想以此抬高自己的威望，其结果必然适得其反。一般情况下，与会者对他所欣赏的人的心理状态是，希望从他的谈吐中，得到如何把工作搞好的信息。

4. 主持人提高会议成功率的途径

(1) 做好会议安排

可以这么说，会议未能取得满意结果，有一半的原因是没有做好会议的安排。这些会议的安排是指一些显而易见的事。例如：为会议提供恰当的物质条件，如舒适的会议室、恰当的通风、照明、视听设备以及住宿条件等。此外，在做会议安排时，要有经过很好准备的议事日程，要仔细选择参加会议的人员，要在会前通知与会者并提供恰当的资料，以便他们尽可能有准备地进行讨论，而不至于由于在会上介绍本应事先阅读的材料而浪费时间等。**事实证明，领导者如果轻视这些显而易见的事，就可能导致会议失败。**

（2）掌握好会议的进程

主持人要自始至终掌握好会议的进程，为此要力争做到以下几点：

- 使每一个参加会议的人感到自在；
- 在会议开始时以生动的语言简要地讲一下所要讨论的题目和问题；
- 阐明会议的目的；
- 规定会议的"范围"，即会议讨论问题的界限。

会议主持人在会议进程中要善于使讨论归于正题而不受个人意见的争论，不受两人之间的对话或开小会的干扰。

会议主持人要能区别会议中哪些发言对问题的解决确有作用，哪些发言是空洞废话。

会议主持人要善于巧妙地尽可能把参加会议的人从一大堆资料和随便讨论中引导到意见一致和有共同的认识的轨道上。

会议主持人要善于把大家的意见简要地归纳一下，以便参加会议的人都能够接受。这样，在会议结束时，所有参加会议的人都能感到在尽可能短的时间内已达到了会议的预订目标，感到这次会议开得非常有效。

（3）获得与会者的积极参与

会议主持人要在会议进程中创造一种有利于讨论的气氛并"使球继续滚动"，他要鼓励与会者遵守纪律，尊重不同看法和分歧意见，尽管意见不同，但并不伤感情，使与会者认识到在适当时候可以互相学习。

（4）认真贯彻执行

会议主持人在会议的最后阶段要做好以下几件事：

- 在会议结束时进行总结；
- 重述要采取的行动，并使所有参加会议的人表示已理解并愿意进行这些行动；
- 会议要有一个书面文件作为结束，这可以是简报或其他形式；
- 要确定下一次会议的大致日程；
- 要使会议的决议不是停留在纸面上，而是要采取适当的措施贯彻执行。

(5) 提高会议成功率的其他措施

会议有效性也称为会议的成功率。我们还可以采取以下措施提高会议的成功率：

人在一天中活动能力有两次高峰期，一次是在上午 9 时至 11 时，一次在下午 4 时至 6 时。**会议若在下午高峰期举行，比较能迫使与会者为了结束会议而发挥更大的主观能动性。**

会议的频率要适当控制。不要为了单纯地降低会议的频率，而将许多内容都放在一个马拉松式的长会上讨论；也不要将可以适当集中的会议放在分散的时间里召开，以免过多地提高会议的频率。

(6) 高效率会议的组织模式

成功会议一般都遵循以下的组织模式：认清形势→提出问题→点出难题→寻求可能的解决办法→寻求最好的解决办法→规划统一行动→评价绩效→跟踪检查。

①讲清形势。主持人必须说明当前的形势怎样，有些什么重要事件。然后，要把全部事件按重要性的大小顺序排列下来，以此确定会议中要解决问题的先后次序。

②提出问题。会议主持人要提出当前形势中有没有不能令人满意的事物，是否有可改进之事。**同样，按重要性的大小、轻重缓急顺序排列并提交会议讨论。**

③点出难题。会议主持人要点出当前形势的基本因素是什么，最主要的难题是什么，会议中应该对这些难题加以重点的讨论。

④寻求可能的解决办法。会议主持人要善于提出有哪些可能的解决办法，有哪些解决问题的不同途径。要提出几种可能的解决办法。

⑤寻求最好的解决办法。会议主持人要善于提出最好解决办法是什么，有哪些解决办法结合起来是最好的，集体一致同意的是什么办法。

⑥规划统一行动。会议主持人要落实最好的解决办法如何付诸实现，什么时候，谁做什么，可能出现什么结果。这些具体都要统一规划，并要有预见性。

⑦评价绩效。会议主持人要及时检查结果，并向会议参加者及时做出

报告。

⑧跟踪检查。会议主持人要明确由谁来负责跟踪检查和报告跟踪检查的结果，决议执行程度如何，下一步应该如何规划。

如果会议主持人掌握了上述模式并循序进行，那么，一次解决问题的会议肯定会有秩序而高效率地进行。反之如果会议领导者不遵循有组织的模式，那么就会导致效率低下。

在西方国家，为了培养管理者掌握开会的基本技巧，通常要在小组中由合格的会议领导方法培训教师进行八至十次领导与训练，每次两个小时。这种培训会议领导方法所花的时间是一种非常有价值的投资，在此后的工作中都会带来很大的好处，大大提高会议的效率。

我国的许多会议效率甚低，为了提高领导会议的技能与技巧，制定适合我国特色的会议组织模式，然后对领导者进行培训，实乃管理现代化的重要方面。

5. 避免主持会议的误区

有些会议主持人在具体主持会议时，都会自觉不自觉地进入某些误区。要想成功地主持一次会议也并非易事，因为会议的种类与情况各不相同，不可能也没有必要对领导在每种类型会议时的每一句话怎么说，都提供现成的答案。每一次会议的开头和结尾，会议的气氛等都各不相同，**所以，领导者在主持会议时，千万注意不要被某种思维及观点引向误区，结果造成所主持的会议归于失败。**

（1）准备不周

现在有些领导者也不知是因工作太忙，时间紧张，还是因自己太懒，会前的准备工作总做不好。还有些领导认为，开会有什么难的，根本不需要准备，到时候大家聚到一起，讨论讨论，研究研究，不就行了吗？这些都是影响会议成功的因素，是领导主持会议的误区。不管做什么事，都需经过一个准备的阶段。如果准备工作做得好，那么我们在以后的过程中就做得顺手，而且省时又省力，俗话说得好："磨刀不费砍柴工。"

（2）开头结尾无彩

一篇好的文章，一定有个好的开头和结尾。自古以来，人们做文章都十分讲求开头和结尾，追求"龙头凤尾"。主持会议其实是一篇口头文章，也应该在开头和结尾上下一番功夫。因为好的开头可以先声夺人，给人以深刻印象，吸引人们断续听下去；而好的结尾，可以让听众回味无穷。大多数领导在主持会议时，就不太注重开头和结尾，会议开始，三言两语，意不明，言已尽，给人以茫然之感，使与会者不明白会议的议题，失去对会议的兴趣，就像看一些较差的文章一样，看了第一句就没有兴趣继续读下去。**一个好的会议结尾能对本场会议有促进作用，甚至能将其升华，推向高潮。**

（3）照本宣科

在会议上，领导者和与会人员同处在一个小环境之中，在语言上不能呆板拘谨，否则将影响会议气氛，不但不利沟通与会人员的思想，而且也与会场气氛不大协调，不利于会议的成功。有些领导在会议之前由自己的秘书写好稿子，会上拿着讲稿一字一句地读，照本宣科，就显得机械呆板。领导者应尽量把讲稿上的内容变成自己的语言，即使庄重会议的重要报告，虽不宜擅自离稿、穿插、解释，也应带有丰富的感情色彩，读的有轻重缓急、抑扬顿挫，给人以鲜明、生动的感觉，而个至于使与会者听得味同嚼蜡、昏昏欲睡，看起来更像在念教科书，而不是在讲话。当然，有许多场合下必须照本宣科，比如庄重严肃的会议主题的发言，有法律效力的条文，敏感的政治决议等。

（4）大喊大叫

有些领导者主持会议时不太重视语言艺术，或者是机械的说教，或者是以权压人，总想把自己的观点强加给别人。这两种方法均来源于同一个错误：讲话者对听众不敏感，领导权威意识压倒了民主思想。**请记住，你的任务是诱导而不是强迫。作为领导者，作为主持人，你几乎统帅了一切。**所以，即使你在讲话中有上述缺点，听众也拿你没办法，但他们虽"敢怒不敢言"，强烈的反感却会使他们对你的美好印象产生扭曲，他们把这种讲话看作粗暴、专横。

二、驾驭会议，引领会议成功
——会议主持人的主持艺术

1. 成功推进会议，尽显主持人魅力

会议任务和目标的明确为主持人提供了控制会议的基础，并作为对其他与会者的指导。明确的目标来自于认真细致的准备和清晰的会议日程，这将为团队工作奠定良好的基础。理想的团队成员应当能够认清会议目标，以便明确自己的责任和真正地参与。会议组织者和领导应该相信，当与会者了解一项工作后，多数人会做得更好，并成为有效的参加者来协助决策。如果会议小组的作用仅仅是咨询性的，最好告诸各位成员，以免引起不满。具体地讲，就会议主持人推进会议的技能和技巧，会议的进程表现为会议控制、会议引导、促进讨论、应付"隐秘议程"和做出决定等几个方面。

（1）会议控制

会议控制的方式和组织取决于会议的目的。**会议控制应当着眼于建立行为标准，以这些标准衡量会议结果，并在必要时进行调整。**

（2）过程引导

无论会议主持人以怎样的风格给自己定位，他们必须能够发起会议，并确保以良好的秩序进行主题和问题讨论。例如，有些成员习惯于在真正搞清楚问题之前武断地做结论，会议主持人就应该对这样的行为加以引导，以保证他们在充分分析问题背景的前提下做出合理的决策建议。为能够保证会议的良好秩序，需要明确四个基本步骤：

- 识别主题/问题——应清楚地加以说明，如有必要，会议间隔后要重复强调；
- 交换和开发建议——在取得解决问题的建议之前，收集和解释

依据；

- 评价不同方案——列出可选方案，预测每个方案的可能结果（时间、成本、资源、政治因素）；
- 选择行动计划——为达到预期结果，决定"谁""何地""何时""怎样做"，并确保每个人都明确自己的责任。

主持人应确保与会者不偏离这个程序，有时可能需要提出新的建议、澄清上述内容、作小结或提请对可能结果的注意。

（3）促进讨论

在会议讨论过程中，会议主持人要及时根据会议的进程和讨论的话题，围绕主题提出恰当的问题以激励与会者。**提问方式不但有助于激励与会成员，也是控制会议的有效手段**。比如，在适当的时候打断那些滔滔不绝的人，为其他没有更多机会发言或不愿意发言的人提供机会。

（4）应付"隐秘议程"

主持人还应努力保持讨论的话题集中，不使其演变成为与会者之间的个人冲突。必须妥善处理群体成员中的隐秘议程、竞争和偏激的发言，否则，人际关系和情绪问题将会转移群体的注意力，而影响会议任务的完成。为了促使与会者关注事实和提议，要求他们列举概括性论断的实例是一个有效的方法。但是，你可能需要协助做这项"维持群体"的工作。**从现有研究结果看，由群体自己产生的领导者更善于维持群体成员间的关系，并对成员进行有效的激励。**

（5）做出决定

当会议要做出结论时，可以采用多种方式，如采取正式投票表决的方式；采取其他由成员一致同意或普遍同意的方法去得出结论（如相互协商）；或采取恰如其分的方法引出解决问题的最佳方案。

2. 控制会议进程，掌握会议节奏

会议主持人的发言对会议气氛、会议进程有着举足轻重的作用。主持人要能够很好地控制会议。在说明议题和作会议结论时，声音要洪亮，语

言节奏要适当放慢,要有适当的停顿,以表现出主持人的信心,形成一种无形的感染力,以助与会者听懂和理解议题与结论。

控制会议的行为要讲究技巧,以下介绍几种主要的方法。

(1) 控制会议进程的技巧

会议进程控制是一项重要的管理艺术,它需要依照会议规则进行,同时又需要根据不断变化着的情况,灵活采用各种措施和方法,有针对性地调整各种关系,解决各种随机性问题。**为此,它又需要从事控制活动的人,特别是会议主持人掌握一定的控制技巧。**这些技巧大体包括如下几个方法。

①会议召开之前,主持人须认真研读有关文件材料,了解议题和议程,了解与会者的构成情况及基本意见倾向。

②主持人必须严格守时,明确会议开始和结束的时间,准时开会和散会。

③主持人在会议期间应避免同其他与会者发生争论,不能在决议形成之前发表倾向于某一方面的意见,更不能强迫他人接受自己的看法。不要炫耀自己,不要以与众不同的姿态和语调讲话,忌各种语病。批评要有建议性,应尽力避免同其他与会者产生直接冲突。

④在组织讨论时,应规定讨论与不讨论界限,给每位与会者以平等的发言机会和权利。**应善于及时纠正脱离议题的发言倾向,并注意其方式,不能因此而挫伤与会者的发言积极性。**

⑤应善于对各种发言进行比较、鉴别和综合分析,正确集中大家的意见。经常用简明的语言说明讨论要点和有关发言人的发言要点。

⑥当时机成熟时,应适时终止讨论或辩论,及时确认结论形成决议,一个议题结束后应立即转换议题,以免延误时间或节外生枝。

⑦多议题会议的议题安排次序应科学合理,一般情况下,需要大家开动脑筋、集中献计献策的议题应放在会议前半部分时间进行。

⑧会议较长时,应安排短暂的休息并掌握好时机。休息不要安排在发言高潮,特别是某一问题或其中的一个方面的讨论尚未结束时。

⑨应以各种方法和措施,避免或减少与会者中途退席,特别是其中的主要人物应力争不出现中途退席现象。

⑩除非必要，一般不宜随意变更议程。

⑪主持人应声音洪亮，举止得体，有一定感染力，忌多余的动作（动眼睛、玩文具、搔头抖腿等），忌语无伦次缺乏自信。

⑫当会场出现混乱时，应保持镇静，及时采取措施结束混乱状态。

⑬注意创造与会议性质相适应的会议气氛，科学安排会议中的高潮与低潮，及时分发会议文件材料，监督工作人员及时认真地做好会议记录。

（2）控制会议节奏的技巧

在会议召开的过程中，会议的节奏是一个不可忽视的问题。节奏控制不好，会影响会议目的实现。节奏过慢，势必会延长会议时间，耗费更多的人力、财力；节奏过快，有可能会造成认识肤浅、理解不透、决策草率，没有真正达到会议的目的。因此，会议主持人一定要重视控制好会议的节奏。具体说来，首先主持人在会前有一个会议计划表，对会议中议题的难易、议程的前后安排、可能出现的问题及对策等都应做好较充分的估计。在时间的估计上最好要有一定的弹性。其次，在会议进行中要时刻留心会议的进程。一旦发现节奏过慢时，则应想法采取措施调动与会人员的注意力、积极性、主动提问，多加引导启迪；如节奏过快，则可多提几个细节性的问题，在广度、深度上下工夫。**时间充裕的话，可以对每个阶段的工作进行简单的小结，并适当地强调要点、难点。**

（3）灵活驾驭会议的方法技巧

主持一个会议，重要的是引导与会者充分发表意见，积极参加讨论。怎样使与会者愿意说话，并且说得透彻、畅达？怎样提高会议效果？这就需要灵活地驾驭。

①指名法。主持人讲完开场白，让大家发言。开始时容易出现冷场。主持人可适当指名："老张，你对这个问题很有研究，今天一定有好主意，先讲讲吧！""老王，你大概早就考虑好发言内容了，大家就等着听你的高见哩！怎么样？你带个头吧！"万事开头难。有人带了头，下面就会有人跟着讲。

②激将法。好马也要扬鞭，强将还需激励。主持人有时要用反面的话"刺激"一些人，促使他们及时发言。如说："老黄，你今天一言不发，看

来是想'金杯漱口'了!"旁边很可能有人接口:"老黄向来能说会道,今天怎么会甘拜下风呢?"这样一激,老黄还能不一吐宏论吗?

③点拨法。当人们对某个问题还似明非明时,常常难于发表看法。**主持人应抓住关键,适当点拨,与会者便会顿开茅塞,话如泉涌了。**如说:"这个问题正面一时看不清,假如反过来看呢?从它究竟有多少弊端的角度看,是否应下决心解决呢?"

④复述法。某人的发言十分精辟,主持人对此也有同感。为引导大家顺此深入讨论,可复述他发言的要点。如:"老郑认为,我校提高教学质量的关键,不在于严格考勤、考试上,而在于联系实际改进教学方法,说得很有道理。大家对此议论一下吧!"由此,大家的讨论有了方向,会议就会深入一步。

(4) 对干扰会议现象的处理

会议活动中难免有干扰会议正常进行的现象,需要及时制止。这种制止不是平时的个别相互交换意见,可以充分地说明情况、原意、该怎么对待、怎么做等,而是在极短的时间里,仅几句话就要起作用。这种制止,是为了让会议更好地进行,让当事人更积极、更活跃地参加会议讨论。这种制止不仅影响当事人一人,而且影响着眼前的全体与会者;既要考虑当事人的反应,更要注意对其他人的情绪造成的影响及后果。所以,会议主持人对会议进程中的不良现象进行制止是一种技巧。

会议主持人对会议不良现象的制止应尽量避免同与会者发生正面冲突,因为一旦出现这种情况,会议就再没有办法协调了;应尽量使受批评者感到不是批评,而是鼓励;应使与会者体会到主持人是从主题出发,真正维护会议目的。**所以,会议主持人对某种不良现象的制止应尽可能是因势利导的、间接的。**比如,当制止某些人观点偏颇,把会议导向歧途时,可不评论其观点,不讲其观点的危害,而只是强调正确的观点;当要制止某人小声说话时,先注意其小声说什么,将说话中与议题有关的内容点出来,鼓励其在会上发言。

3. 会议主持人的说话艺术

在会议上,会议主持人无疑是会议进程的动力和向导。会议主持人的讲话直接影响会议的进展，调节会场气氛。因此，成功的讲演技巧在主持会议过程中作用很大。把握说话艺术，体现会议主持人的魅力，应熟练掌握以下说话技巧。

（1）宣布准时开会

不要为某个人或某几个人未到而延误开会时间，因为假如那样，下回其余的人便都会迟到。准时开会是会议主持人的责任和魄力之所在，如果你还没有做过改进会风的事，那么准时开会就是一大改革，准时开会是准时闭会的必备条件。

（2）直截了当地宣布会议的目的

通常，会议文件或通知在会前已经到了与会者手中。即使这样，会议主持人仍有必要再强调一下会议目的。口头说明有助于为与会者明确地限定讨论的问题，而且能够消除在会议开始时人们思绪的混乱状态，集中大家的注意力。

（3）要讲准确、积极、有信心的话

会议主持人的开场白要表明会议定能成功；指出议题的重要性；指出达成的决议将对人们产生的影响；充分估量会议价值，给与会者设一个目标。不要讲吞吞吐吐、圆滑消极、被动式模棱两可的话。

（4）潜心用词，妙趣横生

直接而有活力的开场白能影响会议的气氛和节奏，能给会议主持人的思想穿上明快、动人的时装。

（5）要简洁

开场白要限制在一分钟左右。会议主持人的任务不是表现自己，而是讲清问题、强调问题的迫切性，督促与会者开动脑筋。**讲长话会磨钝"会锋"，分散注意力，引偏目标**。

（6）杜绝"小会"

会上的私下议论，只会引起纷争和相互不信任。主持人一定要杜绝"小会"，保证与会者一次只听一个人讲话。若是个别人私下说个没完，会议主持人就把全体与会者的注意力转向他们。可以这样说："老周和老王好像谈出些'眉目'了,你们向大伙说说好吗?"众目睽睽之下,小会自会收场。

(7) 承认分歧

认为众多的建议会互相自然吻合,那真是太天真了。不同的建议之间必然含有分歧点。分歧的讨论或争论是产生成熟见解的基础。会议上的争论,是有控制的争论,这是好事。主持人不要隐藏或无视分歧,要承认它,把它亮到桌面上去,这样才有可能理智地对待它。对那些闪烁其词的人你这样问:"对这一问题,你的态度是什么?"再问:"你的根据是什么?"再进一步问:"你说该怎么办?"

(8) 不强调分歧,强调合作

与会者大都有自己的态度和观点,这很自然。他们甚至知道有人持反对态度,这也没有什么关系。会议主持人要领导与会者共同合作,要讲明解决问题需要与会者共同的智慧和决策,会场不是发泄个人恩怨的地方,也不是进行生死搏斗的战场,谁也不应当一意孤行。**应当把个人当作决策机构中的普通一员,会议主持人应利用各种机会指出集体智慧大于个人智慧,方案的产生离不开合作。**

(9) 防止偏航

由提出问题到解决问题,需要一步步地引导。很多毫无结果的会议就是由于缺少这种引导造成的,主持人应对此负责。

(10) 澄清混乱模糊的信息

要保证发言人的话能够被听众充分理解。人们通常会误解,怎样澄清会被误解的问题呢?以下五种方法供借鉴:

- 在易误解的问题上,向发言人提问:"我提个问题,这项产品的市场销售潜力怎样?老刘,谈谈你的估计。"
- 为了充分了解某一建议,你得就一些细节提问:"没有提到广告费用,这会影响计划吗?"
- 澄清词的内容,保证听众理解无误:"请打断一下,你说这个想法很重要，你的意思是说整个方案缺它不可吗？"

- 请别人代为解释："老赵，就这一问题你是否能补充一下？"
- 概括或重复发言人的话，使内容明确："你是说我们不应在国家级杂志上登广告吗？"

(11) 幽默能解除内心紧张

坚持自己的观点是人们的习惯。**当你为自己的想法争辩的时候，很难做到有错则改，承认对方是正确的。**在会上，让一个人体面迅速地转变立场是困难的。有时，即使想转变，也怕难为情。会议主持人应对此保持敏感，给对方一个既可转变立场又不见得难堪的机会，用幽默解除紧张气氛，幽默可以使那些顾面子的人找到台阶下。

(12) 经常进行简短概括

简短概括如同在比赛场上翻动记分牌，能让与会者把握会议的节奏，同时也有助于澄清分歧点，引起与会者注意。会议主持人的简短概括应限制在半分钟内。及时地概括、评论是占一些时间，但不会影响会议进程，相反，通过简短概括，会议主持人为与会者树立了一个珍惜时间的榜样。会议主持人在直接推动讨论向制定正确的解决方案挺进。

4. 巧妙提问，做善于发问的会议主持者

会议主持人在主持会议时不可避免地要发问。是否善于发问，是一种主持会议技巧的体现。善于发问的会议主持者能使议题的讨论不断深入，实现会议的预期目的。

会议上发问有几点需要注意的问题。

(1) 发问之前先拟订腹稿

事先确定发问的范畴与发问的主要内容，将有助于发问效率的提高与发问效能的发挥。

(2) 选择好问句形态

多用"开放式问句""澄清式问句""探索式问句"，慎用"封闭式问句""含第三者意见的问句"，避免使用"引导式问句""强迫选择式问

句"与"多种式问句"。

（3）注意发问的时机与语速

主持人应注意对话者的心境，在他适宜答复问题时才发问。要按平常对话的速度发问。太急速的发问容易使对话者认为主持人不耐烦，或保持审问态度；太缓慢的发问容易使对话者感到沉闷无聊。

（4）尽量使用不指名答复的问题

即所谓的"凌空式问题"。因为这种问题等于向全体与会者发问，可使全体与会者皆参与问题的讨论。

（5）必要时，可以使用指名答复的问题

即所谓的"瞄准式问题"，向特定的与会者发问。这种问题的潜在缺点是：不被指名答复的与会者，可能因抱事不关己的态度而不参与问题的讨论。主持人使用这种问题时，应先叫发问对象的姓名，然后再予发问。先叫发问对象的姓名，等于给他一个预告，使他全神贯注听取主持人的发问，以便做出有效的答复。

（6）应尽量由广泛的问题移向特定的问题

这样做将有助于节省沟通的时间，因为与会者在答复广泛的问题之际，可能已提供了某些特定问题的答案。

（7）应尽量根据对前一个问题的答复构造问句

这样做有两个好处：一是可以使与会者按同一思路提供答复；二是可以使与会者确切了解，他的答复已被主持人听取，这无形中对他是一种鼓励。

（8）发问后，应给予足够答复的时间

主持人发问之后，答复者通常要历经四个阶段，才能对主持人的问题进行答复。第一，设法先搞清楚问题的内涵；第二，思索问题的答案；第三，对答案给予适当的措辞；第四，考虑主持人或其他与会者对该答案可能产生的反应与评价。为了填补发问与答复之间的时间空当，主持人可在这段时间内将发出的问题扼要地写在黑板上或白纸上。这样做，一来可进一步澄清问题的内涵，二来可让答复者从容构思答案。

(9) 对答复者的答复应表示竭诚的欢迎

主持人可透过身体语言（如颔首微笑）或口头语言（如：嗯！是的！）表示欢迎。可将答复者答复的重点扼要地写在黑板或白纸上，表示欢迎。

5. 沉着应对，改变会议中的冷场

所谓冷场，是指全体与会者的不语，而不是少数人的沉默。冷场对会议进程的影响是不言而喻的。冷场在会议中出现，往往不是个别现象，究其原因，也是十分复杂多变的。冷场的出现总会不利于会议的正常进行。

当会议出现冷场时，主持人或组织者应沉着应对，主动引导，以各种有效的方式活跃会场气氛。

一是要了解冷场的原因，是会议中的议题过于敏感还是会议参加者的人际关系问题，都要迅速查明。

二是可以适当转移话题，让大家放松一下，然后及时引导与会者走上会议主题的正轨，延续会议的讨论。

三是可以主动带头发言，在发言中要改变讨论的形式，允许与会者提问插话，允许与会者质疑，让会场充满民主气氛。

四是点名指定与会者发言，并适当予以肯定和鼓励。对发言中不恰当、不准确的内容，不要急于纠正，让大家在讨论中适当予以明答。

五是对会议中意见争执较大、对立情绪激烈的话题，可以暂时搁置，随会议进程的发展适当加以调整，并及时向上反映。

六是对确有压制反对意见、干扰会议进程的参会者，可以临时叫出个别谈话，既严肃指出其问题，又要批评其不当之举。

总之，**会议主持人应当面对现实，分析原因，讲究方法，有的放矢，对症下药，因势利导地克服和消除会议中的冷场**。不管是由于何种原因导致的冷场，都应耐心、细心，不要简单、粗鲁，更不要以点名的方式来简单行事，否则其结果可能会适得其反、事与愿违。

6. 讲究技巧，防范与扭转会议跑题

为了防止会议"跑题"，科学、合理地界定会议角色十分重要。所谓

"科学""合理",就是使与会者会议角色分配明确,与会责任清楚。这在每次会议之前就要依据会议议题确定下来,各个议题何人主讲、何人补充,使其早作调研、发言准备,使会议人员各司其职、各得其所、言而有备、言之有物。应当说,会议角色分配越明确,与会责任越清楚,"跑题"的情况越少。

扭转会议跑题现象,需要讲究技巧。比如,可以接着讨论中的一句贴着议题边缘的话,顺势向着议题讨论的方向引申一下,使讨论回到议题上来;也可以以时间不多了为由,直接提出新的问题,以扭转离题。

在离题现象上,还时常碰到琐事占据会议大量时间的情况。这种琐碎事情,可以认为是议题范畴以内的。但它是与会人员敏感的细小事情。对这种事情与会人员往往兴趣大,有些人一定要弄个水落石出,而把有重大影响的、不那么紧迫的议题却推到次要位置去了。对此,会议主持人要清醒,不能因为还没有从根本上离题而不去处理。在具体处理这种偏离议题中心的情况时,会议主持人可以自己发言去直接引导,也可以对小事直接表述,快刀斩乱麻地解决问题,以摆脱此类琐事的干扰。

会议跑题现象的发生,还有另一种原因,就是时间安排过于宽松,会议议题过于空泛,由此造成与会者发言时无法深入下去,或是无话可说,或是该说的都说过了。这时作为会议主持人或组织者,应适当调整时间,将议题细化,或是马上进入新的议题,以有效纠正跑题现象。按照中央要求,转变会风的一项重要内容就是开短会,开实会。这也是防范与扭转会议跑题的重要举措。在组织会议时应特别加以注意,以保证会议质量。

7. 妥善化解会议中的争执与分歧

主持会议时,经常会遇到各种意见分歧,有时甚至是激烈的争执,对此要认真分析,区别不同情况和类型,运用恰当的方法冷静处理。

(1) 工作意见分歧和争执的处理

应当看到,这种分歧和争执,一般不涉及与会者本身的利害关系,但是不注意引导,也会使双方产生思想隔阂以致影响团结。而对这类性质的分歧,主持人首先要把与会者的分歧意见归纳条理化,引导大家分清争论的焦点、各方意见的利弊，把讨论引向深入。对一些没有必要争论或无须完全统一的争论，应及时终止。必要时主持人可以根据双方意见的优劣做出决断或结论。

(2)"偷换论题"引起的争执的处理

这是由于争论的一方或双方没有准确理解对方的观点，出现误解而引起的争执。对于这种情况，主持人应弄清争执的原因，纠正一方或双方理解上的误差，引导双方针对同一个问题从同一个角度或侧面深入讨论。

(3) 由于人际关系紧张引发矛盾的处理

在会议上，据理力争是正常的。但若出现争吵、发生纠纷则是不应该的。如果因双方平时有矛盾，借会议公开场合含沙射影，发泄对他人的不满，从而引起相互间的争执，并有可能发生人身攻击。**这时，主持人必须尽快制止这种争吵，可以示意涵养高的一方暂时让一下，或利用主持会议的权威强行制止，等会后再做具体处理，必要时应对不正确的一方给予批评。**

(4) 主持人与到会者之间争执的处理

当主持人的意见遇到个别人反对时可能会发生争执，当批评某人时，被批评者不服也可能会发生争执。无论上述何种情况的争执都会直接影响会议的进展，对方在气头上容易使主持人尴尬难堪。在这种情况下，主持人应保持冷静头脑，尽可能不与对方直接冲突。对于有理智的对方，在不影响会议主题的情况下，可以阐明自己的观点，讲明道理，使对方信服；对于不理智的对方，应暂时停止争执，是非问题放在会后解决，使会议正常进行。

当会议中出现分歧，发生争执时，会议主持人引导得好，则有利于集思广益，反复比较，多方论证，从而提高决策的正确程度；若处理失当，就会影响会议的正常秩序，使会议不能达到预期的目的。为此，会议主持人应当正确对待，妥善处理，化不利因素为有利因素。正确对待和处理好不同意见，就是要求主持人在主持会议过程中，要有思想准备，能够广纳会议中的不同意见，妥善处理好会议中的争执与分歧。

8. 结束会议：充分发挥主持人的权威

结束会议前要制定或引出决议，在这个时刻，若没有会议主持人的有力领导，往往功亏一篑。在闭会阶段，要充分发挥会议主持人的权威。会议主持人要向与会者报告已得出的结论，尚存的分歧和会后要采取的行动。

（1）精要地总结会议

会议的总结方式相当重要，既要符合会议的气氛，又要符合参加者的心理。**主持人精要的总结，可以再次鼓动在会者的情绪，提高会议讨论的质量。**主要方法有以下三种。

①归纳法。把会议的主要成果提纲挈领地概括出来，加深与会者的印象。如说："今天我们学习了党的十八大文件，主要收获是统一了对建立有中国特色社会主义的认识，弄清了以下两个问题：一是……二是……现在，方向已经明确，路子已经找到，让我们今后在各自的岗位上大显身手吧！"

②启下法。用于本次会议中还未得到解决的问题，为下次会议作铺垫。如说："今天大家提了不少问题，其中'为什么乱摊派之风屡禁不止？'提得很及时、很深刻，只是限于时间，今天没有充分讨论。请大家会后广泛收集材料，深入思考，以便下次再议。"

③鼓动法。用鼓舞人心的话语作总结，以强化会议精神。如在一次救灾总结讨论会上，主持人最后说："世上总是好人多，天灾无情人有情。这次抢险救灾，真正体现了一方有难，八方支援；一家受灾，千家关怀。这次讨论交流，大家叙述了许多感人的事迹，使我们体会到了许多崇高思想。愿这种精神进一步发扬，愿我们的社会变得更加美好！同志们，希望大家都能有所思、有所悟。散会！"

（2）达成无异议的结论

达成无异议的结论可说是开会的终极目标。

虽然无异议的决议是最好的会议结果，但其实也是最难落实的。许多会议研究者把这种在重大议题上达成共识的议事方式称为"形式上无异议"。更具体地说,就是指取得大部分与会者同意,而少数人不反对的情况。另一种无异议是指"绝对无异议",指所有与会者一致同意某议案。**然而,无论会议是否能达成无异议结论,都不宜把无异议当作开会唯一的目标。**

在不能确保无异议决议的情况下,我们只能说,无异议的决议会赋予此决议的促成者较大的使命感,在执行过程中受到较少阻碍。然而,要达到高质量的无异议决议也并非不可能。有学者认为,在有系统、有情理的情况下所达成的无异议决议,质量通常不错。与会者能达成无异议决议,通常并不是因为满意其决议内容,而是因为自己肯定此项议案的影响力,所以都愿意支持此决议的"正确性"。

(3) 结束讨论

会议结束,以会议讨论的结束为标志。此时此刻,会议主席更应当理清头绪,从头至尾浏览一下会议讨论的全过程,结合会前制定的各项会议计划,确定各项议题讨论后的结果:是彻底解决,还是有待解决,或是其他情况。对于不同的讨论对象应确定其不同的最终讨论结果,以便日后会议讨论议题的明确性和连续性;最后向与会人员宣布,会议讨论结束。

(4) 确保形成结论和决定

会议一经收集信息,它的任务便是以合作、批判的方式分析它们,以得出结论和最终的决定。要达到这个目的,需要制定标准,使之能客观地使用;要分析证据,全体成员需要有认同的标准和技术来衡量信息来源的可靠性和数据的质量。一个会议的决策方法影响它的公正性和其他人员对它的满意程度,因此要慎重考虑会议的决策方法。

- 共识决策:比较理想。
- 数投票决策:获得50%的票数,这是一种进行决策的快速简便的方法。
- 权威决策:主要是由会议最高领导人做出最后的决定,会议的参与者只是一个建议者。

三、鼓励发言，促进交流
——做到会议的有效沟通

开会是一种管理沟通的有效方式，任何会议都是某种信息的输入、传递、输出的过程。会议可以上传下达，联络左右，互通情况，交流经验，发挥信息沟通的作用。较之其他沟通形式，会议沟通具有直接、快速和形象的优势。在开会过程中，沟通做得好坏成为会议能否成功有效举行的关键。对于会议组织者而言，为了达到会议目标，有必要掌握会议群体的沟通技巧；对与会者自身而言，为了更好领会会议精神，实现相互之间的交流，也需要进行有效沟通，从而做一个积极的与会者。建立良好的会议沟通群体意识，逐渐养成在开会过程中，能够有意识地运用会议群体沟通的理论和技巧进行有效沟通的习惯，达到事半功倍的效果，显然也是十分重要的。这些都离不开熟练掌握和应用会议管理中群体沟通的原理和技巧。

1. 与会者的相互认识：会议沟通的开始

好的开端等于成功的一半。会议开始顺利，则为会议的成功举行打下了良好的基础。会议开始时，主持人应尽力吸引与会者的兴趣，满足与会者的需求。有时会议成员之间并不相识，需要做些必要的介绍。常用的介绍方法如下。

（1）单独介绍

①自我介绍。与会者分别做一下简短的自我介绍，说明自己的姓名、身份、背景情况等。**这种介绍可以是按一定次序进行的，也可以是随意的、无序的。**介绍时，通常应起立、脱帽。

②互相介绍。这种介绍将自我介绍与他人介绍结合起来，通常按照座位的次序或按事前编排好的次序进行。

③主持人介绍。由会议主持人分别一一介绍参加会议的人员情况。这一方法适用于主持人对与会者的姓名、身份比较熟悉的情况。介绍到哪一位与会者时，被介绍者应起立、脱帽向大家点头示意。

④名片介绍。通过与会者相互递交名片进行。名片通常印有姓名、身份等内容，呈长方形，长9~10厘米，宽5~6厘米，男子的可略大些，女子的可略小些。名片的颜色可以是白色、米黄色、浅灰色或浅蓝色，在左上角常用较小的字体写明身份、职务，名片正中用较大的字体印出姓名，左下角和右下角可印出地址、邮编、住址、电话等。

（2）集体介绍

集体介绍是他人介绍的一种特殊形式，被介绍者一方或双方都不止一人，大体可分两种情况：**一是为一人和多人作介绍；二是为多人和多人作介绍。**

①集体介绍的时机。集体介绍必须把握好时机，才能达到相互认识的目的。

- 规模较大的社交聚会，有多方参加，各方均可能有多人，为双方做介绍。
- 大型的公务活动，参加者不止一方，而各方不止一人。
- 涉外交往活动，参加活动的宾主双方皆不止一人。
- 演说、报告、比赛，参加者不止一人。
- 会见、会谈，各方参加者不止一人。
- 举行会议，应邀前来的与会者往往不止一人。
- 接待参观、访问者，来宾不止一人。

②集体介绍的顺序。进行集体介绍的顺序可参照他人介绍的顺序，也可酌情处理。但注意越是正式、大型的交际活动，越要注意介绍的顺序。

- "少数服从多数"。当被介绍者双方地位、身份大致相似时，应先介绍人数较少的一方。
- 强调地位、身份。若被介绍者双方地位、身份存在差异，虽人数较少或只一人，也应将其放在尊贵的位置，最后加以介绍。
- 单向介绍。在演说、报告、比赛、会议、会见时，往往只需要将主角介绍给广大参加者。
- 人数多一方的介绍。若一方人数较多，可采取笼统的方式进行介绍。如："这是我的家人""这是我的同学"。

- 人数较多各方的介绍。若被介绍的不止两方，需要对被介绍的各方进行位次排列。排列的方法有以下几种：一是以其负责人身份为准；二是以其单位规模为准；三是以单位名称的英文字母顺序为准；四是以抵达时间的先后顺序为准；五是以座次顺序为准；六是以距离介绍者的远近为准。

③集体介绍注意事项。集体介绍的注意事项与他人介绍的注意事项基本相似。除此之外，还应再注意以下两点：

- 不要使用易生歧义的简称，在首次介绍时要准确地使用全称。
- 介绍时要庄重、亲切，切勿开玩笑。

2. 临时会议分组，便于交流沟通

临时会议分组通常是 10 人以下的小组，他们在会议期间结组活动，如果愿意的话还可以在会后继续交流。这种分组的关键在于"临时"二字，与会者应该认识到他们与自己小组成员的关系只限于会议期间。

虽然结组的活动是自愿的，但是小组成员也应该在会议期间安排几次会面。**如果决定退出小组，小组成员不应该受到任何惩罚或侮辱**。一个会议可能在开始时有几个临时分组，但是它们很少能坚持到会议结束。这是非常合理的，因为 TCG 只有在能够满足与会者需要的时候才有存在的必要，当小组成员不再有这些需求的时候，小组自然应该消失。

临时会议分组决定标准就是会议的规模。TCG 对 25 人以下的会议没有什么作用。但是，比较大型的会议，如协会组织主办的会议等，往往可以通过某种形式的 TCG 实现某些便利，因为分组为与会者提供了一个更直接的接触群体。

会议常常会给与会者带来一些压力，后者总是感到自己在紧张地忙碌于一连串快节奏的事件中。他们经常需要与其他与会者交流，以缓解压力，确认自己的反应是否正确，以及自己得到的信息是否准确。TCG 就为他们提供了这样一个机会。

组织 TCG 需要花费一定的时间和精力。如果会议期间将有许多 TCG，那么组织工作就应该在会议举行之前完成；如果小组并不很多，则可以到

会议注册的时候再进行分组。

在会议前期注册的过程中，工作人员就可以开始着手组织 TCG 了。他们应该给每一位与会者发送一份表格来调查与会人员的个人情况和相关信息，作为注册表格或注册说明的一部分。当表格被返回时，应该交给负责组织临时会议分组的秘书处工作人员。为了使分组尽量合理，应该以与会者的目标和兴趣作为划分标准。

每一个小组都要有一名召集人，此人将启动小组的活动。会议主办者可能是在与会者中寻找合适召集人的最佳人选。承办者则应与选定的召集人进行联络，与他们商讨临时会议分组的问题，并列出一份所有小组召集人的名单。**在会议注册之前，相关的工作人员应该把召集人注意事项发送给各个小组的召集人。**

TCG 成员注意事项应该被包含在与会者的材料包里。显然，并不是所有的与会者都想参加临时会议分组，因此工作人员应该谨慎行事，把注意事项只发放给参加分组的与会者。

3. 讨论分阶段，会议进行有章法

进行会议讨论，要把握相应阶段，才能促进有效沟通。

（1）第一阶段：一对一纸笔沟通

会议前半场不妨让与会者两两一组，针对会议主题各抒己见。因为只有两个人面对面，不会有被众人注视的压力时，才更容易畅所欲言。而且，只有两个人开会，当然没有不开口的道理。这也解决了许多会议有些与会者只会旁观的问题。

提高会议沟通效率从改变座位做起，事半功倍。 先分组讨论，两人一组最能让与会者畅所欲言。最好搭配纸笔讨论方式，沟通与互动状况更好。

为什么坚持小组讨论必须纸笔并用？因为会议的根本目的是脑力激荡，所以，包括开会程序与座位安排等，都必须以让开会者充分互动、沟通以及发表意见为最高原则。根据心理学的研究成果，人的智能、知识与观念分为两大类，一种是显性知识，另一种则是隐性知识。

一般人表达意见时，使用的知识与观念，多半是显性知识层次，也就是当事人所说的内容只是别人讲过的东西。相对的，隐性知识则是当事人吸收各种观念与知识之后，形成自己的想法与创意，但因为没有适当的表达机会，处于隐而不显状态。借由纸笔沟通、一对一相互激荡，可刺激开会者反刍、整理自己脑袋里的东西，获得意想不到的点子与创意。能让与会者如此发挥的会议，才称得上有价值、不虚耗工夫。

总之，会议前阶段采取两人一组、纸笔沟通的方式，可避免一大堆人开会每个人只能讲几句话的缺点，获得许多意想不到的点子。当然，因为有参与感，这样的会议不会令人感到冗长、无聊，即使会议人数多一点，也不构成问题。

此外，因为两人一对一纸笔沟通，当事人不会因为顾虑众人的眼光或者害羞而不敢讲话，所讲的内容也会更具体，更有针对性（这是使用纸笔讨论的最大好处）。然后，把这些可贵意见与解决问题的方法汇集起来，会议要有收获、得到结论，就不困难了。

(2) 第二阶段：形成讨论圈

完成纸笔沟通后，最好趁热打铁让一对一纸笔沟通的成果彼此融合。此时，会议主持人不妨适度介入，鼓励与会者往讨论最热烈的小组集中，形成一个或数个讨论圈。

除了原先坐在椅子上的两人之外，新加入讨论小组的人，即使站着也无妨。一旦进入第二阶段，会场必须提供足够数量的黑板，作为众人沟通意见的场所。

正如一对一沟通时得有纸有笔，众人聚集讨论必须以黑板作为媒介，才能有效聚焦，并且进一步刺激、开发会众的隐性知识。

黑板有个无可取代的效用，就是能将众人在第一阶段小组讨论时形成的建议与点子全部列出来，如果需要一一讨论或表决，会很方便。

主持人是会议的灵魂人物，表现不佳就会让好不容易召开的会议功亏一篑。

许多会议会场空间太沉闷、严肃，容易导致与会者不愿意开口。所以，公司甚至政府单位的开会场所（会议室），不妨布置活泼一点，装饰花草或盆栽等，让开会环境更舒适、气氛更愉快。

4. 群体互动，强化沟通

在实际开会中，如果与会者发言不积极，奉行明哲保身、沉默是金的原则，一般情况下效果都不佳。

为解决上述这些问题，如何设计有效的会议沟通方式，是开会艺术的具体体现。一般来说，有效的沟通应是大家共同参与的双向沟通，沟通过程中与会者共同商定问题和对策，同时，组织者要为这样的沟通创造良好的氛围。

下面是加强与会群体互动，促进有效沟通的策略。

（1）个人交换

一名与会者观察另一名与会者的表现，然后立即或迟些对对方的行动或交流方式做出反馈。

（2）带有注释的阅读列表

就某个主题开具一个阅读列表，对每个阅读项目加以简短的入门注释、解说或评价。这是一个很有用的工具，可以帮助那些对会议主要话题没有很多了解的与会者为会议做好知识方面的准备。

（3）听众反馈小组

选择几名与会者（通常不超过 5 人）组成一个小组，听取发言人讲话，然后提出问题。他们可以与发言人一起坐在讲台上，也可以坐在听众席里。如果想让他们在发言过程中提问，最好安排他们在讲台上与发言人并坐。如果希望他们在发言结束后提问，就可以先安排他们在听众席里就座，发言结束后再走上讲台提问。这种方法可以确保发言人与与会者之间有一定的交流。

（4）参考书目

一份与某个具体会议或学习主题相关的出版物和非印刷材料来源的列表。这份列表应该提供材料来源的充分信息，以便与会者查阅。**参考书目可以在与会者材料袋中单独列出，也可以被纳入与会者手册。**

（5）头脑风暴

鼓励产生想法，但不对这些想法立即做出评价。它可以在解决问题或进行各种创造性思维时使用，但重点在于想法，而不是最终的解决方案。进行头脑风暴时应该制造一种自由的气氛。

（6）讨论小组

将一个较大的与会者群体分割成多个小组，每组中通常不超过 6 人，然后所有的小组同时进行内部讨论。讨论要围绕给定的主题，重点在于提出想法，因为这种小组讨论的时间都很短，一般不超过 10 分钟。会议必须为小组反馈讨论意见提供条件。这种形式可以用于与会者人数较多的全体大会。

（7）案例研究

通过口头或书面形式对一个事件或情况做出描述，由此引发与会者的辩证思维，并从新的角度考察某些概念和问题。这种形式可以在并行会议中应用。

（8）讨论会

用一个会议的部分或全部时间让与会者就以前共同的某个经历，或他们中个别或部分人的特殊经历，展开讨论。

（9）座谈

6～8 人组成一个座谈小组——其中一半代表听众，另一半是后勤人员或专家。**一般情况下，他们将在主持人的引导下进行讨论。**

（10）提出问题、分析问题、解决问题

这是一个三步完成的过程，与会者：①面对着一个问题或需求（提出问题）；②寻找解决方案（分析问题）；③将解决方案应用于该问题（解决问题）。这种模式可以作为会议策略的一部分，不过需要工作人员做大量的准备工作。

（11）创造性思维

激发新的形式、关系和思想，可以在小组讨论中用来罗列新想法和新

的思考方式。

（12）辩论

两个人或团队就一个清楚表达的问题持相反观点展开辩论。与会者旁听辩论，或以其他方式参与。要求辩论双方有较好的口头表达能力和台上表现。

（13）对话

两个人在与会者面前进行讨论。对话双方通常是会议邀请的发言人或与会者，他们要就给定的主题展开讨论。**他们不一定持相反的观点，但是要根据其各自的学识和经验对主题进行深入分析。**

（14）结对

两名与会者一起进行工作或讨论。他们可以选择在会场里，或其他舒适的地方结对合作，一般都要在结束工作或讨论后为会议提供反馈信息。

（15）鱼缸模式

把一个讨论组分成两部分——讨论问题的内圈和旁听讨论的外圈。外圈的成员可以不时插入内圈讨论，或与内圈成员调换位置。通常在 20 人以下的讨论组中使用。

（16）采访

采用这种方式时，发言人不必进行演说。采访者向发言人提问，后者作答，而与会者则以旁听的形式参与。问题可以是现场发挥的，也可以是事先准备好的。同样，发言人也可以相应地做出即兴回答，或用准备好的答案作答。

（17）演说

发言人单方面地面对听众（与会者）进行讲述，当然中间还可以用其他策略进行辅助。问题是一些发言人不懂得如何在演说中紧扣主题以吸引听众。**演说不能占用太多时间，因此在内容上应该有突出的重点。**

（18）听讲小组

将与会者分成几个小组，每个组负责听取某个演说、演示、研讨会或其他类型发言的一部分，然后在一定的时间期限内提交报告或完成任务。

（19）研究会

研究会的每一名与会者都应达到一定的水平并在会上积极参与。可以利用后勤人员使互动更加容易，但是每一名与会者都有责任参与互动交流。

5. 慎重选择会议发言人

会议承办者、策划委员会和会议秘书处应该掌握每一位发言人的详细资料。识别、选择和准备邀请发言人是一个复杂的过程，对其进行正规的管理十分重要，如果会议需要许多发言人，情况更是如此。

会议邀请发言人有许多不同的原因。对于全体大会而言，发言人是应该传达信息、激发思考，还是具有幽默感？有的发言人能够表现得面面俱到，但是对于一个具体的全体大会来说，其主要目标又是什么呢？

发言人可以是某个问题的专家，也可以是一个与会议主题相关的特别代表者。 有时会议可能仅凭主办者的提议而选定某个发言人。不论原因是什么，都必须让每一个参与选择发言人的工作人员都清楚这些原因。

有些发言人可能以谈吐幽默而著称，这也许就是他们受到邀请的原因。但如果他们想改变自己的说话方式或个人形象，那么也不应该选在全体大会上。每一个相关人员都应该知道会议希望发言人有怎样的表现。

有的时候会议也可能需要邀请一些有争议的人物作发言人，这主要取决于争议的性质。一般情况下，会议不会邀请因为触犯法律而引起争议的人来发言。在考虑邀请有争议的人到会发言的时候，会议承办者应该就此事通知主办者和策划委员会。最后的决定应由主办者做出。

（1）邀请

①向发言人说明会议的目的。在对发言人发出邀请的时候，应该向对方介绍会议的目的。一些发言人可能准备了很精彩的发言，但是却与会议的主题不符。发言人对会议目的了解得越多，他们的发言就能与会议越合拍。

②发言人是就给定的题目讲话，还是自选演说主题？话题和发言人哪一个更重要？如果发言人占据首要地位，那么他就有选择话题或至少提出

相关建议的权利。当然，在选题方面不能给发言人全部的自由，因为有的话题可能不适合该会议的与会者。发言人并不知道哪些题目不适合与会者，因此会议承办者应该负责提供这方面的信息。**实际上，发言人可能在听说所有这些禁忌话题之后将决定不接受会议的邀请**。另一方面，通过讨论，承办者也可提出一个该发言人从前没有涉及过的有趣话题。

选题的另一个方法就是先确定话题，然后寻找能够令承办者满意的方式处理该话题的发言人。在这种情况下，承办者应该向候选发言人说明向其发出邀请的原因。

还有一个问题需要考虑，那就是如何让发言人提供讲稿。对演说者通常不用这样做，但是邀请后勤人员时常常要涉及这个问题。一般在专业协会主办的会议上，发言人的论文将被实际宣读。虽然现在这种做法已经有所改变，但是会议承办者还是保持着原来的做法，有时会让后勤人员感觉莫名其妙。

③发言人在预订会议的日期是否有时间。会议策划的需要必须与发言人的时间安排相协调。发言人常常要在某个全体会议上讲话，而会议策划在这类会议的日期和时间安排上却没有很大的灵活度。例如，原定在全体会议或闭幕式上进行讲话的主题发言人就不能被安排到其他时间段。

(2) 准备

准备工作主要有以下几点。

①发言人是否同意录音。不是所有的会议都需要录音，但是给会议录音现在正在成为一种潮流。**根据法律，会议方面在进行这类录音之前必须得到相关发言人签字同意的协议。**

②发言人是否需要特殊的设备。会议方面有必要确认发言人需要哪些特殊设备，这些信息可以通过建议表来收集。不过，该表格通常在确定发言人选的几个月前就收集上来了，而在这个过程中发言人可能又有了新的设备需求。会议方面应该让所有的发言人在一个规定日期前提出所有的设备需求，在该时限之后，这类需求只能在特殊的情况下才能被会议方面接受。

③发言人最终确认。到现在为止，我们一直从会议承办者的角度讨论准备过程，但是发言人方面的准备工作也需要考虑。在几乎所有情况下，

会议方面都应该安排专门人手来确定发言人是否对参加会议仍然感兴趣，以及是否还有时间。**很多承办者往往都会一厢情愿地认为只要自己同意了让发言人参加会议，对方就也会同意。**显然，比较好的做法是跟发言人确认一下他们是否还有时间。

第四章
领导者发表会议讲话的艺术

　　领导者在会议上发表讲话，不仅是会议的基本程序和重要环节，也是领导者的素质能力和讲话水平的直接体现。领导者的会议讲话包括两种基本形式，一是在会议作正式的报告，二是在会议上发表即席讲话。会议报告体现的是领导者的语言组织、理论阐述水平，即席讲话则反映了领导者的语言智慧和口才。作为领导者，能讲话不等于会说话，敢讲话不等于有水平。只有掌握了会议讲话的艺术，才能讲得精彩动人，讲得引人入胜，把会议讲话变成具有强烈感染力和说服力的语言艺术。

一、把握中心，论述深刻
——领导者作会议报告的艺术

会议是个人员集中、形式特殊、时间有限的重要场合。领导者做会议报告时，应必须把握的两大要点是中心突出和阐述透彻。一个精彩抓人的会议报告，往往与报告者的自身修养特别是讲话艺术有直接的关系。

1. 拥有一个精彩的开头语，先声夺人

领导者在会议上发表讲话，首先要有一个精彩的开头语。开头语也叫开场白，是讲话的开始。俗话说："良好的开端是成功的一半。"领导者会议讲话中有一个引人入胜的开头语，是获得成功的第一步。如果开始就平庸冗长、啰啰唆唆、空话连篇，就会使听众觉得乏味，就会影响听众的情绪，使他们不能集中精力往下听。因此，**领导者作会议讲话必须精心构思和组织好开头语，力争先声夺人，一开始就把听众吸引住。**

关于开头语的技巧，俄罗斯作家高尔基曾说过："最难的开头语，就是第一句话，如同音乐一样，全曲的音调，都是由它定的。一般要花较长的时间去寻找。"第一句话是最重要的，其作用如同音乐的基调。开场白有开门见山型、阐明背景型、幽默型、引用型及悬念型等多种形式。不管采用哪种形式，要抓一些带根本性、倾向性和普遍性的问题，抓住听众心理，或讲故事，或讲幽默，或设问，或讲客套话、祝贺语等。总之，要简短精辟，少拖泥带水，迅速转入正题。

（1）开门见山型

开门见山型开头语即一开始就用高度凝练的语言把讲话的基本目的和主题告诉听众，引起他们想听下文的欲望，接着在主体部分加以详细说明和阐述。这是一种直截了当的手法，立即进入正题，不迂回，不啰唆，没有任何多余的赘言和楔子。例如，1945年10月1日，刘少奇同志为即将

奔赴东北战场的解放军送行，他说的开场白是："同志们听从中央的决定，要到东北去了。要我来讲几句话。"整个开场白只用了二十来个字，简明扼要。

（2）阐明背景型

这种开头就是把讲话的原因或者背景交代给听众，让听者一下子就明白为什么要讲话，讲话的理由是什么；或者说明讲话的背景及在这种背景下讲话的初衷。用这种方法开头平常、自然，很少有波澜，似无标新立异之嫌，但也是平时人们使用最多，也最好把握的一种形式。

在开头语中，有时为了融洽讲话者与听众之间的感情，还应采用一些礼貌性的话题与听众沟通。它主要分为楔子和引子两部分。例如，1984年4月27日，时任美国总统的里根在人民大会堂发表了如下讲话：

谢谢您，周培源博士，谢谢各位尊敬的女士和先生。今天。我很荣幸能够来到这里，成为有史以来第一位在人民大会堂向贵国发表演说的美国总统。我和我的夫人一直盼望来世界上历史最悠久的文明古国之一的中国访问，同你们伟大的人民见面，以睹贵国历史宝库的风采。北京宽阔的大道使我们赞叹，贵国人民的待客热情，使我们深深感动。我们唯一的遗憾，就是这次访问的时间太短。看来只能像唐代一位诗人所写的那样"走马观花"了。但是中国的"汉书"里还有另外一句话叫"百闻不如一见"，南希和我深有同感。

这段开头语可看做全篇的一个楔子。里根一上来就向大会主持人及全体听众表示了深深的谢意，对中国表示高度赞扬，对中国古老文化有深厚理解。从礼貌、礼节上讲，这都是十分必要的。这番话很快架起了里根总统与听众之间的感情桥梁。

（3）回顾历史型

回顾历史型的开头，首先将听众拉到历史记忆中，以历史的某个时刻某个片断，作为自己讲话的引言。这种方法开头，能够迅速引起听众的注意，引起人们的怀旧情绪，从而迅速抓住人，牵扯着听众留心自己接下来要说的话。

例如，2010年11月10日，英国首相卡梅伦访华，在北大讲演时的开场白是："20多年前，我作为一个学生来到香港，这一年是1985年。那时邓小平与撒切尔夫人刚刚签署了具有历史意义的联合声明。"

这段开头语，立即将听众勾回到20多年前那个令人难忘的历史时刻。卡梅伦由此开头，自然过渡到此次访华的背景意义和中英两国关系未来合作的美好前景。可以说是一次颇具煽动力的演说。

2. 内容丰富充实，论述深刻透彻

领导者作会议讲话，应当具有充实、丰富的内容。只有内容充实、丰富，例证详细，才能被与会的听众接受。所谓内容丰富，就是说讲话材料要有丰富的内容。内容充实主要是指讲话有新鲜、深刻的思想观点，有具体、生动的事例。领导者的一场讲话有没有说服力，内容是否丰富充实，关键是看论据是否充分、完备，论证是否有理、有力。事实胜于雄辩。在领导者的会议讲话中，如果论据不充分、完备，观点就立不住脚，就没有力量，很难去打动人、感染人、说服人，就会给人一种"空"的感觉。要使论据充分、完备，有效地证明主旨，就要选用大量有价值、有内容、有说服力的事实材料。这些材料可以是历史的、现实的，国内的、国外的，本地的、外地的等各方面的事实。**所选用的材料要典型、真实、贴切、有新意，这样的材料才具有说服力。**

仅有大量的材料还不行，必须对会议讲话主旨进行深入的分析研究。运用马克思主义的立场、观点和方法，对自然与社会发展中出现的问题、现象、事实，进行深入分析、判断，揭示其本质，抽象概括其规律。具体的理论分析，不外乎指出现象的本质属性是什么，产生什么样的影响（正面影响与负面影响），问题产生的根源是什么，需要采取什么办法，等等。领导者作会议讲话，实际上是一个提出问题、分析问题、解决问题的过程。所以，会议讲话中就要有观点、有分析、有对策。提出观点后，运用大量的事实材料去进行深入细致的分析，在分析的基础上，提出相应的解决问题的方法及措施。这里的关键是对问题进行分析，分析越透彻，就越有说服力。如果缺乏有力的分析，讲话就显得苍白无力，提出的观点和对策措施也缺乏强有力的支撑。

3. 把握中心，突出讲话的重点内容

领导者在重要会议中的讲话首先要做到有的放矢，把握中心，重点突出。表达自己的观点，更应当讲究章法，思路严密。这是领导者提高讲话水平的基本要求。一般情况下，对领导者的工作报告等会议讲话，有以下几方面的基本要求。

（1）把握中心

领导者的工作报告不是照本宣科，难免带有水分，有时会插一些题外话，有时会发现已讲过的某个问题有点遗漏，需要临时补充，这样就容易杂乱。作为一个善于做工作报告的领导者，应时刻把主题牢记在心，不管怎样加插，不管转了多少个话题，都不偏离说话的中心。

（2）言之有序

领导者的会议讲话不能靠材料堆积吸引人，而要靠内在的逻辑力量吸引人，这样才有深度。与写作相比，说话是口耳相传的语言活动，没有过多的时间让听众思考，所以逻辑关系要更为清晰、严密。话语的结构要求明了，善于提出问题、分析问题、解决问题。观点和材料的排列，要便于理解、记忆和思考，所以要较多地采用由近及远、由浅入深、由已知到未知的顺序安排。当然，时间顺序最好按过去、现在、未来进行安排，这样容易被听者记住。

（3）连贯一致

在领导者的会议讲话中，内容连贯非常重要，它直接影响到报告的展开，不能一开口就"嚾"地冒出一句让人摸不着边际的话。同时，报告内容多层意思之间过渡要灵活自然；报告的结尾要进行归纳，简明扼要地突出主题，加深听众的印象。

（4）要言不烦

与主题无关的废话，言之无物的空话，装腔作势的假话，会让听众极为厌烦，一定要去除。领导者在会议讲话时应当注意在句式变化的同时，多用短句少用长句。长句能够表达缜密的思想、委婉的感情，能够造成一

定的说话气势，但是其结构比较复杂，句子长，如果停顿等处理不好，不但说话者觉得吃力，听话者听起来也不易理解。而短句的表达效果简洁、明快、活泼、有力。由于活泼明快，就可以轻松地叙述事情；由于简洁有力，就可以表达紧张、激动的情绪，坚定的意志和肯定的语气。因此在运用上，**易说易听的短句更适合于在交谈、辩论、演讲等重要场合使用。**

4. 逻辑性强，使讲话的内容层次分明

领导者的会议讲话报告要让人听明白，就必须做到层次分明，条理清楚。讲话的思想内容要有一定的次序和步骤，先说什么，再说什么，最后说什么，都要有一个总体的设想。通常我们把这种从总体上安排讲话思想内容的次序，展开讲话结构的步骤，叫作层次。层次又叫"意义段""逻辑段"或"部分""大段"等，也就是说主体共分几大部分。一般情况下，层次大于段落，一个层次包含几个段落，有时也等于段落。安排层次要着眼于讲话思想内容的逻辑关系。换句话说，必须先有个合理的、清晰的讲话思路。报告层次混乱、颠三倒四的主要原因是思路不清。要使讲话层次分明，条理清楚，逻辑性强，就需要报告者有清晰严密的思路，把层次、段落、过渡照应、案例详略安排，以及部分之间的联系衔接都想得一清二楚。层次分明的进一步要求是要具有严密的逻辑性。严密的逻辑主要表现在以下几个方面：

（1）层意不能重复

领导者讲话的内容有好几层，或者有好几个部分，每个层次或部分都有相对完整的独立性。不同的层次或部分的意思不能基本相同，也不能部分相同。否则，就会出现前后重复的现象，既造成讲话的冗长、拖沓，也不便于听众理解。这就要求在讲话中对相同或相近的问题，要集中放在一个层次中讲，不要分散在几个层次中都说。有些领导者在讲话中经常出现这个毛病，同一个问题在不同的地方都讲到，给人一种重复的感觉。

（2）层意不能矛盾

讲话的各层所表达的意思虽然不同，但都应是在总论点或主旨统率下的层面，各个层面都是从不同的角度说明总论点或主旨的，不允许有与总

论点或主旨相抵触、相矛盾的层面存在。

（3）层意逐步深化

在讲话中，后一层意思要比前一层意思向前发展，表现出一种由分析到综合，由现象到本质，由表及里，由近及远，渐进发展的逻辑关系。如果违背了这些逻辑顺序，就会给人"乱作一团"的感觉，直接影响讲和听的效果。有些领导者在讲话中常出现的毛病是逻辑混乱，层次不清，前后重复，逻辑顺序排列不当，既没有层次感，也没有排列规律，杂乱无章，让人听起来非常吃力。

5. 精辟概括，运用准确精练的语言

领导者的会议讲话，应当精辟简练，不拖泥带水。 领导者应当善于概括，善于把大量琐碎的事物，用高度凝练的语言，概括成简短的话语。概括能力是领导干部应具备的基本能力之一。概括的方式有以下几种。

一是纵向概括。即按照时间或先后顺序，把一些零散的事实材料，提纲挈领地归纳概括成几种或几点。

二是横向概括。按照空间顺序，把横向的一些零碎的、分散的、复杂的事实材料，进行科学分类，归纳概括，使其条理和层次清晰，便于记忆。

三是理论概括。即对大量具体事例进行分析研究，从理论上进行归纳概括，从而得出带有本质性、普遍性、规律性的结论。领导者工作报告中的"概括"需要做到语言"准确""精炼"和具有"针对性"。所谓准确，就是说报告中不讲大话，不唱冠冕堂皇的高调，言论不违背客观事物的本来面目。语言的准确性主要来自思维的准确性，只有想得明白，思考得周密，才能讲得准确，讲得恰如其分；同时，要根据不同的听众，挑选精当的语言，运用各种比喻和具体事例紧紧围绕所要阐述的内容，讲清说透。信口开河或泛泛而谈是不会抓住听众的。而语言的真实性主要表现在两个方面，一是讲的事必须真实，不能颠倒黑白；二是要讲出听众的肺腑之言。

6. 精悍有力，说好讲话的结束语

领导者会议讲话的结束语同开头一样重要，好的结尾，能给人余音绕梁、回味无穷的感觉，也可发人深思，催人奋进。领导者会议讲话的结束语，一般是综合归纳讲话的内容大意，提出希望、要求，鼓舞号召听众行动起来，按照报告中阐述的道理和要求去做。结束语总的要求是：精悍有力，调子高昂，充满热情，这样才能振奋精神，鼓舞斗志，发挥巨大的鼓动力量。结束语从内容上说要注意两点：一是要综合归纳全篇讲话的内容，做出肯定性结论，使听众对讲话全文有一个完整、深刻的印象；二是要有鼓动性和号召力，给听众进取的信心和奋发的力量。

会议讲话结束语多种多样，通常采取以下两种方式：

（1）总结式结束语

即在讲话结束时，对前面所讲的内容进行提纲挈领的归纳和总结。

邓小平《在中国文学艺术工作者第四次代表大会上的祝词》是这样结束的："这次大会，是全国文艺工作者在新长征中的第一次盛会。同志们是带着自己的丰硕成果来出席大会的。我们相信，大会以后，同志们一定会拿出越来越多、越来越好的艺术成果，向祖国和人民汇报。谨祝大会圆满成功！"

（2）号召式结束语

即在讲话结束时，运用极富鼓动性的言辞，或提希望，或提要求，号召人们去努力行动，完成会议任务。

党的十八大报告是这样结束的："让我们高举中国特色社会主义伟大旗帜，更加紧密地团结在党中央周围，为全面建成小康社会而奋斗，不断夺取中国特色社会主义新胜利，共同创造中国人民和中华民族更加幸福美好的未来。"

结束语的形式尽管很多，但不管采用什么形式，都必须以简短有力的语句，总结报告全文的主旨，发出有力的号召。

林肯第二次就任总统的演说结束语历来被称为最妙的、最精彩的结尾。他说：

对任何人都不怀恶意，对一切人抱宽容态度；坚持正义，因为上帝使我们懂得正义。让我们继续努力完成我们目前正在进行的事业。把国家的创伤包扎起来，关怀那些担负起战争重担的人，关怀他们的孤儿寡妇——凡是可以在我们中间、在同所有国家的关系方面带来和保持公正持久的和平的一切事情，我们都要去做。

这个结尾不愧为经典之作，干净利索，凝练有力，极富人情味和鼓动性。

讲话贵在适可而止。当止不止，白费力气。当讲话因种种原因需要中止时，你仍然滔滔不绝、按部就班地讲个不停，必然引起听众反感。这时，你应设法立即中止讲话，这样会得到听众的理解和好评。

二、机敏巧应，生动别致
——领导者即席讲话的艺术

在会议上，领导者即席讲话的目的是交流思想、传递信息和沟通关系。为了实现这个目的，即席讲话一般都要事先明确话题，确定观点，选择和安排讲话材料。话题不明，观点模糊，话料贫乏，必然会导致无的放矢，颠三倒四；言之无物，空洞乏味；言之无序，杂乱无章。领导者要想使即席讲话成为强有力的工作手段，一定要注意说话时表达观点的正确性与科学性。如果观点谬误，词不达意，即使费尽唇舌，说得天花乱坠，也难以收到预期效果。所以，领导者必须重视会议中即席讲话的实际操作方法。

1. 明确即席讲话话题，确定观点

领导者在即席讲话前略加思索，尽可能地先选择话题，这对即席讲话的成功是十分重要的。

（1）选择合适的即席讲话的话题

①选自己比较熟悉、体会较深的内容作为话题。这样的话题能全方位打开你的思路，激发你谈话的兴趣。自己讲起来才能旁征博引，应付自

如。**千万要注意，自己不清楚的事情，不要冒充内行，乱说一气，否则，要么说着说着卡了壳，要么就是班门弄斧，贻笑大方了。**尤其在一些重要场合，如果即席讲话时引出一个自己并不熟悉的话题来，以致无法将话题延续讲下去，窘态毕现，这对一个领导者的威信有很坏的影响。

②讲话者对要说的话题具有一种强烈的表达欲望。这种欲望，在一定程度上，来源于对话题非常熟悉。只有当你感到非常想让听众理解你的话，迫切地要把你最熟悉、最重视的内容传达给听众时，你才有可能把话题说好，才能准确地表达出所要表达的内容。

③选择能吸引听众的话题。通常我们是以听众的反映来判断即席讲话的成功与否。领导者即席讲话的成功，应该是能够吸引听众，唤起听众的共鸣，使听众感受到领导的情绪。为了做到这些，首先要选准能够吸引听众的话题，才能掌握住听众，才能使你说话的能力得到听话人的承认。**对于所说的话题，尽管你津津乐道，兴味十足，但是听众不感兴趣，根本听不进去，这样的话就不如不说。**

在即席讲话的全过程中，时刻都要注意围绕话题去讲，如果讲话时兴致大发，忘掉话题信口开河，就会出现前言不搭后语的现象。即席讲话的话题针对性很强，表达内容具有明显的客观性，开口之前，已有明确的话题，但要是在表达过程中不注意紧扣话题去讲话，那么即席讲话是不能获得成功的。

（2）扣准话题，准确表达观点

在明确了话题以后，如何扣准话题，把话说清说透呢？这就需要确立所要表达的观点。表达的观点应该为顺利完成话题服务，与话题无关的观点，会使说话跑题，漫无边际；与话题相悖的观点，会使表达的希望与效果背离。所以，观点是即席讲话的核心，应该贯穿于讲话的始终。在即席讲话的全过程中，观点起着纲领的作用。话料的取舍、词语的选择、语句的结构，甚至讲话时的情感控制、表情姿态等，都要受到观点的影响和制约。

观点既然在即席讲话中占有突出的地位，那么，应该怎样确立恰当的观点呢？一般情况下，即席讲话所要表达的观点应当符合以下四条原则。

①正确。即席讲话需要有正确的观点，主要是它在领导者日常生活、

工作中的突出作用决定的，正确的观点宣传真理、鼓舞人心、祛邪扶正、推进工作；错误的观点则颠倒是非、混淆黑白、误事误人、贻害无穷。

②鲜明。领导干部讲话时不仅要有正确的观点，而且要敢于正视现实，堂堂正正、旗帜鲜明地表明自己的观点。闪烁其词、吞吞吐吐、知而不言、言而不尽，必然会影响即席讲话目的的实现。

③集中。话说得多，不等于说得清楚明白，在一段话中观点必须相对集中，使要点相对突出。

④深化。深化，就是要在实事求是的基础上把握事物的本质，找出要害所在。**深化的观点能使即席讲话更深刻，更具有感染力和说服力。**观点的深化并不在于措辞上的华丽和表达时的情感运用，因为华丽的辞藻、委婉或激昂的语调无法掩饰所表达的观点的肤浅。

2. 选用丰富、生动、典型、深刻的话料

话料是讲话的材料，在领导即席讲话时所讲的话是对话料加工后的结果。"巧妇难为无米之炊"，即席讲话离不开话料。有了话料，才有话可说；有了话料，观点才有寄托。从听众的方面来看，丰富的话料容易诱发联想，唤起共鸣，使即席讲话的效果更为理想。所以平时积累和选择话料是领导者即席讲话成功的一个重要方面。

(1) 话料是讲话的基础

即席讲话能力差往往表现在说话时话料贫乏。占有话料是即席讲话的基本条件，有了话料，才有话可说；没有足够的话料，必然造成说话时词不达意，言之无物；有了话料，才能临时确立表达的观点，并在讲话时成为支持观点的基础。毛泽东曾说："只有感觉的材料十分丰富（不是零碎不全）和合乎实际（不是错觉），才能根据这样的材料选出正确的概念和理论来。"

即席讲话能否坚持辩证唯物主义和历史唯物主义的"反映论"，在很大程度上取决于讲话者是否占有足够的话料。所以，只有平时注意积累话料并对话料进行选择、思索、分析，提炼出观点，才能出口成章、妙语惊人。如果说由话料到形成表达的观点是由具体到抽象，那么，说话就是由

抽象到具体，是用话料来支持和证实观点，用话料把抽象的观点变成有血有肉的生动的陈述，这就是常说的"用事实说话"。

话料之所以是说话的基础，还因为有了充足、翔实、生动的话料才能激发说话者更好地发挥表达能力。如果话料贫乏、虚假、枯燥，必然妨碍或影响表达能力的发挥。有了话料，说话时才心中有数，才能有话可说。

（2）选用最利于讲话的话料

像治病用药一样，尽管你有不少药，但是必须对症吃药，适量服用，才能奏效。有了大量的话料不等于就一定能够把话说好，还要靠善于恰如其分地使用话料。这里面包括对话料的剖析、鉴别、比较、筛选、取舍、安排等。对话料从大量的积累到严格的筛选，这件事包含着从"量"到"质"转变的深刻的辩证法。成功的即席讲话除了能使听众在精彩的话料陈述中受到启发以外，还能使人感到在言语之间，甚至在言语之外都存在着对表达的观点的强大支持力。这种支持力既来源于观点的科学性，又来源于丰富的话料。尽管表达中精选了有限的话料，但那些未被选用的话料客观存在，它们也在显示着一种无形的力量支持着表达的观点。这正是有些即席讲话非常耐人寻味的原因。所以，我们提倡在积累话料时要注意"广博"，在选择话料时要注意"精深"，也就是话料要"博收而约取"。

那么，即席讲话时应该选择什么样的话料呢？

一要选用支持观点的话料。即席讲话时必须注意选择能够反映观点、支持观点的话料。只有这样的话料，才能使观点形象化，成为观点的依托，使话料与观点有机地统一起来。

观点对话料的选择有客观的制约性，不能不负责任地乱用，否则，就难免说"废话"。

二要选用翔实准确的话料。"实事求是"是即席讲话的一个基本原则，要做到讲话实事求是，重要的是保证所运用话料的翔实、准确。对待话料不能采用实用主义态度。那种对话料任意加工，添枝加叶，主观臆想，随意引申，或者把道听途说、支离破碎的信息拿来拼凑当作话料的做法，都是领导者在即席讲话时所不可取的。

所谓翔实，其一，指的是确有其事，绝非杜撰。话料一旦失实，哪怕是小节上的失实，也会使听话者对整个表达产生怀疑，甚至使讲话陷入难堪的境地。其二，指的是话料所反映的内容，不是偶然的、个别的现象，而是事物的本质。如果上一点是指局部的真实，那么这里就是指整体真实。**这个要求就更高了，它要求领导者在鉴别话料时，不能一叶障目，不见森林。**

所谓准确，是指话料完全符合实际。为了保证话料的准确，应该尽力获取第一手话料，要特别注意防止间接话料中的讹谬、虚浮及附会。在这方面，革命导师马克思为我们树立了典范。他"不满足于间接得来的材料，总要找原著寻根究底，不管这样做有多麻烦。即便是证实一个不重要的事实，他也要特意到大英博物馆去一趟"，他"所引证的任何一件事实或任何一个数字都是得到最有威信的权威人士的证实的"。因此，"反对马克思的人从来也不能证明他有一点疏忽，不能指出他的论证是建立在受不住严格考核的事实上的"。

三要选用典型、深刻的话料。一段话不可能面面俱到，要说明一个道理，总是要通过"个别"反映"一般"的。这就要求说话时要选择典型的话料。典型，就是要求说话时能够深刻反映事物的本质，具有广泛的代表性。毛泽东同志说："材料是要搜集得愈多愈好，但一定要抓住要点和特点（矛盾的主导方面）。马克思研究资本主义，列宁研究帝国主义，都是收集了很多统计材料，但并不是全部采取，而只是采取最能表现特点的一部分。"这里所说的"抓住要点和特点"就是抓住典型。

大家所熟悉的古典文学作品《三国演义》中，有一段"白门楼斩吕布"的故事。当时，吕布被曹操所擒，曹操考虑到吕布武功盖世，有意饶其不死，收在自己帐下。为此，他征求刘备的意见。刘备担心吕布归顺曹操后，壮大了曹操的力量，不利于自己日后称雄天下，为免除后患，希望曹操处死吕布。这时，刘备本可以给曹操列举不少吕布的劣迹恶行，但是他仅选择了吕布心毒手狠、恩将仇报、曾亲手杀死义父的典型事例来说明问题。他当时只说了句："公不见丁建阳、董卓之事乎？"一句话，提醒曹操想到吕布反复无常，很难成为心腹，弄不好自己也要落个丁建阳、董卓的下场，成为吕布的刀下之鬼。这一来，促使曹操下决心，立斩吕布。刘备的妙语，就"妙"在抓住了典型的话料，点明曹操根本利害所在，彻底改变了曹操原来的打算。这就是人们常说的"讲话要讲在点子上"。

四要选用生动、新颖的话料。在"翔实""准确"的基础上,"生动""新颖"也是选择话料的一个重要标准。因为生动形象的话料,能够调动听话者的主观能动性,引发联想,使之如见其人,如闻其声;能够使即席讲话声情并茂,增加表达的感染力,唤起听众的共鸣;新颖而有特色的话料能使听众耳目一新,启发听众的兴趣,给听众留下深刻的印象。

那么,什么样的话料才是生动、新颖的呢?

话料的生动性表现在:它能准确、形象地反映观点,能缩短说话者与听者之间的心理距离,能沟通双方的感情,使听话者感到说话人的真挚、诚恳,从而增强讲话的感染力。

3. 即席讲话要做到入情入理、生动别致

即席讲话是一个紧张而又复杂的语言表达过程,难度较大。一些领导往往在某些场合由于没有时间准备,即席讲话时不知所言,造成尴尬的场面。其实,即席讲话作为领导工作中经常使用的一种说话形式,并不是深不可测毫无章法可寻的。它也有一定的规律和技巧,下面就是一些即席讲话时的实用技巧。

(1) 先声夺人,抓住听众

即席讲话的开头,也叫开场白。即席讲话能不能马上抓住听众,往往决定着整个讲话的成败。好的开场白就像一个出色的导游员,一下子就可以把听众带入讲话者为他们拟设的胜境;好的开场白是演说人奉献给听众的一束多姿的花朵;好的开场白最易打开局面,便于引入正题。**因此,开场白不能平铺直叙,平庸无奇,而要努力做到不落俗套,语出惊人,这样才能出奇制胜,先声夺人。**

(2) 态度诚挚,以情动人

即席讲话的最大特点在于助"兴"。**所谓"助兴",就是指讲话者在环境、对象、内容的感召下,有一种强烈的表达欲望。**这种欲望产生于讲话之前,贯穿于讲话的全过程中,它首先应当体现在讲话的态度诚挚。诚挚的态度能够直接影响听众的情绪,关系到听众对讲话内容的接受程度。诚挚、热情、坦率的讲话能够吸引听众,能够缩短讲话者与听众之间的距

离，使听众始终为讲话者的诚恳坦直所打动，大大增强讲话的实效。

邢台地震的第二天，周恩来不顾频繁余震的危险，怀着沉重的心情，赶赴灾区看望受灾的群众。当时春寒料峭，裹着沙砾的西北风一阵紧似一阵。周恩来看到数千名群众迎风坐着等他讲话，当即对县委书记说："风沙这么大，怎么让老乡们朝着风坐呀？你说，一个人跟几千群众相比，哪一方面更应该照顾？"接着又用深沉的语调说："我是作为国家总理来看望受灾群众的，但我是一个共产党员，你想想，共产党人哪有让群众吃苦在前而自己吃苦在后的道理呢？"他亲自指挥群众朝南坐下，自己绕过去，站在一个木箱上，迎着漫天风沙向群众讲话。当周恩来号召灾区人民"自力更生，奋发图强，发展生产，重建家园"时，群众激动得热泪盈眶，总理讲一句，大家齐声响应一句。当周恩来讲到"一方有难，八方支援，等你们恢复了生产，重建了家园，我再来看望你们"时，几千名群众一齐站了起来，口号声此起彼伏，连成一片。

周恩来不愧为卓越的政治家、宣传家，他的讲话的魅力就在于他善于把共产党人关心人民疾苦的诚挚感情注入自己的讲话之中。这样的讲话当然能够富于感染力，能够深深地打动灾区群众的心，使群众精神振奋地投入重建家园的工作中。

(3) 立场鲜明，以理服人

讲话时诚挚的态度来源于讲话人对听众的尊重，只有这样，才能得到听众的尊重和信任，如果领导者态度倨傲，以势压人，也就不可能得到听众的信任和尊重，不可能在讲话时推心置腹，打动人心。**这种诚挚的态度在讲话中应该具体地表现为襟怀坦白，观点鲜明**。"诚挚"不等于"迁就"，诚挚感情应当融进话里所表达的观点之中，使观点更鲜明，使每一句话都是感情的凝聚、心声的流露，使讲话情动于中、寓情于理。尤其是某些批评性的讲话更要注意这一点。

小说《高山下的花环》中，雷军长在战前动员会上的即兴讲话震撼人心，痛快淋漓，关键就在于他的讲话观点鲜明，态度诚挚。当时，高干子弟赵蒙生的母亲利用职权为儿子逃避上前线"开后门"，在连队即将开赴前线杀敌时，把电话摇到前沿指挥所找雷军长说情。这件事激怒了雷军长，他在对指战员的讲话中，怒吼道："我的大炮就要万炮轰鸣！我的装甲车就要隆隆开进！我的千军万马就要去杀敌！就要去拼命！就要去流血！可刚才，有那么个神通广大的贵妇人，她竟有本事从几千里以外，把电话摇到我这前沿指挥所！此刻我指挥所的电话，分分秒秒，千金难买！可那贵妇人来电话干啥？她来电话是让我给她儿子开后门，让我关照关照她儿子！奶奶娘，什么贵妇人，一个贱骨头！她真是狗胆包天！她儿子何许人也？此人原是军机关干事，眼下就在你们师某连当指导员！……奶奶娘，走后门，她竟敢走到我这流血牺牲的战场上！我在电话上把她臭骂了一顿！我雷某不管她是天老爷的夫人，还是地老爷的太太，走后门，谁敢把后门走到我这流血牺牲的战场上，没二话，我雷某要让她儿子第一个打上炸药包，去炸碉堡！……"雷军长态度鲜明、充满激情的讲话博得了广大指战员撼天动地的掌声，也使受到严厉批评的赵蒙生痛感愧悔。赵蒙生经过激烈的思想斗争，终于立下献身祖国的壮志，并在战斗中荣立了大功。

　　雷军长的讲话充满了对歪风邪气的愤恨，尽管他没有用更多的语言去表达他对广大战士的深切的爱，但是他那诚挚的感情、深刻而鲜明的观点，已经融入他的讲话之中，使广大战士和赵蒙生同时感受到强烈的震动。可以想象，如果雷军长面对"走后门"和"逃兵行为"采取吞吞吐吐，甚至"迁就"的态度，怎么能使赵蒙生幡然悔悟，怎么能说是对赵蒙生的爱护呢？同时，也必然伤害广大战士的积极性，严重地挫伤部队的战斗力。雷军长以诚恳而鲜明的态度发表的这段充满激情的即席讲话，对包括赵蒙生在内的广大指战员是一次极好的战前动员。

　　雷军长虽是小说中的人物，但这种讲话方式很值得领导者学习。

（4）生动活泼，吸引听众

　　即席讲话，应力求生动活泼，以增强临场气氛。领导者可用听众比较熟悉的特定的地点、特定的节目，或有某种象征意义、纪念意义的实物等来设喻，把抽象的道理说得生动形象，增强讲话的通俗性和说服力，使人听起来亲切动情。

　　如著名爱国人士续范亭在抗战学院开学时向学生作即兴讲话，开场就说："我作为你们的校长，不像别人要你们服从我这个人，不是的！而是要你们服从革命。今天礼堂门口挂着'熔炉'两个字，很好。现在中国有三个熔炉：一是延安、晋察冀边区，八路军和新四军所在地——这是革命的熔炉；二是大后方的熔炉，有革命的，也有施行顽固教育的；三是汪精卫——日本的奴才的熔炉……"他即景生情，信手拈来，把性质不同的三种环境比作影响人、改造人的三种不同"熔炉"，加深了学员对革命熔炉的理解，使听众倍受感染。

即席讲话，贵在有"兴"。兴有所激，乃是吸引、激励听众的重要因素。因此，即席讲话者应讲究一些艺术手法。在内容上，以短小精悍，结构严谨为佳。冗长散杂、啰唆重复，必然会使人感到乏味。**讲话前应将自己所要讲的内容先确定几层意思，并反复加以浓缩，阐述得简洁、新颖，且条理明晰。**即席讲话多为小型场合，除少数庄重的会议外，一般应庄谐结合，适时口出妙语，造成轻松和谐的气氛，以使听众易于接受自己的观点。即使在严肃的场合，如能适当增添一点风趣，也很容易沟通彼此感情、增强讲话效果。

（5）入情入理，说服听众

讲话的效果如何，不仅要看能否准确地表达，更重要的是要看听众能否理解和接受。由于即席讲话是针对性很强的说话形式，所以，说话时一定要考虑到听众的心理需要，了解听众的特点，说出听众急切地想听到的内容，这样才能使讲话受到欢迎，才能使听众易于理解，肯于接受讲话人的观点。另外，把话讲到听众的心坎上，必然大大促进双方的心理交流，使听众信服。

1949年9月，作为当时上海市市长的陈毅同志到北京参加政协会议、开国大典、军委会议等活动。开始，他住在陈设华丽的北京饭店。后来，由于种种原因，他主动让房给也来参加会议的和平起义的原国民党高级将领傅作义先生，自己却住进了设备简陋的小平房，并代表上海市委赠送傅先生两辆名牌小轿车。这件事在他的老部下里引起了强烈的反响，大家又惊又恼，仿佛受到了侮辱，非常想不通。该如何对这些生死与共的战友和部下们讲呢？陈毅同志考虑再三，找到问题的实质是一个共产党人应当以什么样的胸怀来对待周围的人和事。于是，他召集了一个干部会，在会上，他说："同志们，我的老兄老弟们，要我陈毅怎么讲你们才懂啊！我陈毅不住北京饭店，照样上班，照样'骂人'！他可不一样了！你们知道不知道，傅先生在电台讲了半个小时话，长沙那边就起义了两个军！为我们减少了很大伤亡。让傅先生住了北京饭店，有了小汽车，他就会感到共产党是真心要朋友的。"他越讲越激动，用指节咚咚地敲着桌子："我把北京饭店让给你住，再送你十部小汽车，谁能起义两个军？怎么不吭声呢？"停了一会儿，他又心平气和地说："我们是共产党，要有太平洋那样宽广的胸怀和气量，不要长一副周瑜的细肚肠噢！依我看，要想把中国的事情办好，还是那句老话，团结的朋友越多，就越有希望！"

从会场里走出来，同志们感到一身轻松。用他们自己的话讲："挨了陈爽子的'熊'，弄清了道理，'熊'得也舒服！"

陈毅同志直人快语的讲话，为什么能收到如此好的效果呢？这主要是他在讲话中，抓住了中心，针对与自己十分熟悉的老部下们的思想问题，没有去搬弄理论，而是入情入理，紧紧围绕着共产党人要用宽广的胸怀去团结一切可以团结的人这个观点，条分缕析地讲出傅先生对人民有功，共产党人要对他以诚相待；要办好中国的事情，就要团结更多的朋友。他的讲话切中要害，自成条理，有张有弛，既严肃又诙谐，使人听后心悦诚服。

陈毅同志的讲话风格与方法值得借鉴，入情入理的说服方法，值得我们学习。

4. 即席讲话中的语调应做到自然得体

说话时每句话都有一定的停顿，声音轻重快慢和高低升降的变化，形成一种抑扬顿挫的调子，叫作语调。语调是讲话特有的一种表达手段。说话时，仅把字念得准确清楚还不够，必须运用恰当得体的语调。语调和字音配合起来才能正确地表情达意。即席讲话中语调的变化与思想感情的表达直接有关。平时我们形容一个人讲话平板乏味就说像"老和尚念经"一样，这是因为和尚念经缺乏丰富的语调变化。人们常有这样的体验，有的领导者即席讲话能力强，说话时注意使句子的语调具有恰当的抑扬顿挫的变化，哪怕是讲解比较枯燥的内容，也能吸引听众；有的领导者则总是用呆板平淡的语调讲话，即使是介绍生动有趣的内容，也会使听众昏昏欲睡。这说明能否恰当地选择和运用语调直接关系到即席讲话的表达效果。

语调的内容是很复杂的，主要包括音调的高低升降、意群的停顿、吐字的快慢和音量的轻重等。**在实际说话时，这些要素相互联系、彼此配合，使表情达意更加准确，发挥有声语言的传达作用。**总之，即席讲话中的语调应该力求准确鲜明、自然朴实、抑扬顿挫、灵活贴切、讲求实效。

（1）注意停顿

说话时，在句子前后和中间作或长或短的间歇，这就是停顿。停顿在口语表达中具有调节气息、显示语气、突出重点的作用。从说话人的角度看，发音吐字要用气流，但吸一口气的工夫说出的音节数目是有限的。如需要持续发声，就要在说话过程中有间歇，以便吸气、换气、补充气流。所以，停顿是说话人生理上换气的需要。如果不善于停顿，说话人就会显得紧张吃力，喘不过气来。从听话人的角度看，停顿能够给其留有思索消化、回味的时间，使其更好地接受信息，理解内容。因此，停顿也是听话人心理上的自然要求。如果缺乏恰当的停顿，像连珠炮一样不停地说下去，听众听起来就会觉得紧张吃力，引起听觉疲劳，难以领会贯通。**所以，停顿可以使说话者把内容表达得更清楚、更明白，使听众更便于思考、理解和接受。**

恰当的停顿可以使意思表达得清晰明了。一句话停顿的地方不同，往往会表达出不同的意思。例如，"我看见他笑了"，如果在"他"的后面停顿，那是"我笑了"；如果没有停顿，那就是"他笑了"。停顿的位置不恰当，还会引起误解和歧义。一次，某电台预报天气时，把"三日内/蒙古人民共和国有股强大冷空气移过本市"读成"三日/内蒙古人民共和国有股……"，由于停顿位置不对，就把意思表达错了。

有时为了突出某一事物、强调某一观点、表达某种感情，也需要作恰当的停顿。

总之，停顿要根据表达的内容和具体语句来恰当安排，要从"说"和"听"双方的需要去考虑。一般说来，句子长，内容丰富，停顿的地方就要多些；感情凝重深沉时，停顿也要多些。此外，当众讲话尤其是作即席讲话时，停顿可以相对明显一些；随意交谈时，停顿可以相对减少一些。

（2）注意重音

说话时句子里念得比较重，声音比较强的地方叫重音。重音可以突出重点，引起注意，启发思考。说话时，总是根据表达内容的需要，把某些词句说得轻一些，而把另一些词句说得重一些。如果一个人说话时声音的强度和力度总是一样大小，必定会使语调平淡呆板，影响表达效果。

在即席讲话过程中为了强调某种含义，突出某种感情，领导者应适当运用重音。

（3）注意语调的升降

说话时整个句子的声音会有高低升降的变化，通过这种变化可以表达不同的语气，表现不同的思想内容。

句子常见的高低升降变化有下面四个类型：

- 平直。句子语势始终平稳舒缓，没有明显的高低升降变化。常用来表示庄重、严肃或平淡的语气，多用于一般的叙述说明。
- 高升。句子语势逐渐由低升高，常用来表示情绪激动或疑问。
- 降抑。句子语势先高后低，逐渐下降，末尾低而短，常用来表示肯定、感叹、请求。
- 曲折。句子语势有曲折变化，或升高再降，或降后再升，常用于表示含蓄、讽刺、夸张、幽默或意在言外。

（4）注意语速

语速指的是说话的速度。

说话速度的快慢与讲话的目的、内容以及环境气氛是有联系的。日常生活里的随意交谈，说话的速度一般稍快一些；而大会讲话、传达文件、正式会谈时说话的速度一般要稍慢一些。特别是说到重点、难点，说到比较新的比较抽象的内容，需要启发听者思索时速度要相对慢一些。在紧张热烈的环境气氛中，当争辩、质问、抨击的时候，说话的速度自然就会快一些。跟青少年交谈，因为他们精力充沛、思维敏捷、反应快，语速也可以稍快些。

总之，说话的速度，可以影响表述的情绪和气氛，影响语言表达的效果。

在即席讲话中，语速的快慢变化要适宜。既不能太快，也不能太慢。不能一直像放机关枪一样讲下去，那样将会使人听觉疲劳，无暇思索，来不及全面接受理解；也不能像老和尚念经那样，使人感到死气沉沉、索然无味。

综上所述，即席讲话中语调要丰富多彩。作为表情达意的重要手段，恰当地运用语调抑扬顿挫的变化，可以明显增强语言的感染力。正确动用语调的关键是自然得体，切合内容的需要，否则就会矫揉造作，甚至出现像人们平时所说的"装腔作势"的毛病，那样会严重影响即席讲话的效果。

5. 即席讲话应把话讲得平易通俗

即席讲话凭借声音传达，而声音过耳即逝，不可能留给听众反复思考的时间，因此讲话需要做到平易通俗，避免晦涩艰深。为此，就要求领导者的语言大众化。叶圣陶先生说："通行的说法是大多数人用来传达意思的，是大多数人说惯听惯了的，咱们拿来用，就一丝儿不隔。语言出在咱们的口里心里，意思透进人家的耳里心里。不太通行的说法、绕一些弯子的说法就不然，即使意思没有错，人家总觉得有些儿生分、不自然，这多少就是隔阂。"

为了把话说得通俗易懂，需要注意以下几点。

（1）多使用生活里常用的通俗易懂的词

领导者在即席讲话中，总是自然而然地使用大量通俗易懂的口语词，即使是学问渊博的知识分子，在平时谈话时也是如此。 这对于使话语亲切平易，入耳入脑，提高表达效果是很必要的。像上面叶圣陶先生的那段话里就使用了许多通俗化的词语。再如陈云同志在《要讲真理，不要讲面子》中的一段话，语句通俗平易，具有很强的吸引力和说服力：

"这七年来我看到一点，就是在我们党内一部分干部中间，有一股骄气。什么是骄气？就是骄傲之气。七年中间我在工作中接触的干部多不多呢？不很多。去过华北没有？去过华中没有？去过大后方没有？都没有。但是这些地方来延安'朝山进香'的很多，就在这些接触之中，我看到有一种情形，就是许多人喜欢人家说他好，不喜欢人家说他坏。有的人只能升官，不能降级，有功必居，有过必避。有功的时候他一定要居；有过的时候你批评他，他总是想很多道理来解释，其目的就是说明他没有过。人家说'功'他就舒服，说'过'就不舒服。"

（2）**不能生造词语，尽量少用新出现的词语**

一个人随心所欲造出来的词语，没有得到社会的承认，这就是生造词语。生造词语是信息传递中的障碍，因为那些生造词语"除自己之外，谁也不懂"。叶圣陶先生曾非常幽默又非常深刻地指出："生造词语好比私印钞票硬要拿到市场上去流通。假钞票不起交换的作用，生造的词语虽然不像假钞票那样不值钱，传达意思总得大大地打个折扣。"像"巨片意识"就是一个生造词语。语言学家陈原先生指出："'巨片意识'是怎样一种意识？很费解。"

在即席讲话中应该尽量少用新出现的词语。因为这一类词语出现的时间不太长，使用还不普遍，人们还不太熟悉，用在讲话中，听众从听觉上接受比较吃力，而且又不可能查阅资料，往往思路被打断，分散了注意力，使下面的内容听不清楚，只能囫囵吞枣，妨碍对讲话内容的理解，降低了听话的兴致，这样就会影响即席讲话的表达效果。

在讲话中使用生活中的常用词语显得通俗平易，但同时也要注意用得贴切恰当，不可过于粗俗。

（3）**恰当地运用适合即席讲话的句式**

吕叔湘先生指出，说话时一般"句子比较短，结构比较简单甚至不完整"。从说话者角度来看，随想随说，缺乏从容琢磨的时间，组合长的句子比较困难，弄不好就容易出现前言不搭后语的毛病；句子比较短就不容易出现前言不搭后语的毛病；另外，句子比较短也容易上口，不绕嘴。从听话人的角度来看，句子短小易听易记，容易理解；句子太长，前后呼应困难，影响交际效果。因此，在口语表达中应注意多用简短明快的短句。例如，毛泽东同志于一九四五年在延安干部会议上讲道：

"抗战胜利的果实应该属谁？这是很明白的。比如一棵桃树，树上结了桃子，这桃子就是胜利果实。桃子应该由谁摘？这要问桃树是谁栽的，谁挑水浇的。"

再如，刘少奇同志在一次会议上曾讲道：

"过去，有些老实人说了老实话，吃了亏，而不老实的人却占了便宜。党内的这种情况使一些干部产生了一种印象：似乎老实人总是吃亏；似乎手长一点，隐瞒一点，说点假话，总是占便宜。这种印象是不正确的，不正常的。在共产党内，在人民群众中，不允许滋长这种风气。要抵制这种风气，要对这种风气进行斗争。说老实话真的吃亏，说假话真的不吃亏吗？老实人真的吃亏，不老实的人真的不吃亏吗？我看，不怕吃亏的老实人，最后是不会吃亏的。"

这两段话的句子都很短，这些短小精悍的句子简洁有力，使人听来印象非常深刻。

6. 即席讲话中应恰当运用修辞手法

汉语的修辞手法是非常丰富的。在口语表达中恰当地运用修辞手法能够有效地增强语言的生动性，明显地提高表达效果。说话时常用的修辞手法有下面几种。

（1）运用比喻

比喻是说话时经常使用的手法，它能非常有效地使语言生动形象，把抽象深奥的内容具体化、通俗化，使听众似乎摸得着、看得见、想象得出。**精彩的比喻能够给人留下鲜明深刻的印象。**例如，毛泽东同志在《反对党八股》中的一段话：

"党八股的第六条罪状是：不负责任，到处害人。上面所说的那些，一方面是由于幼稚而来，另一方面也是由于责任心不足而来的。拿洗脸作比方，我们每天都要洗脸，许多人并且不止洗一次，洗完之后还要拿镜子照一照，要调查研究它一番，（大笑）生怕有什么不妥当的地方。你们看，这是何等的有责任心呀！我们写文章、做演说，只要像洗脸这样负责，就差不多了。"

这里用生活中的小事比喻说明写文章、做演说时应用认真负责的态度，非常生动幽默。

又如毛泽东同志也说过：

"世界是你们的，也是我们的，但归根结底是你们的。你们青年人朝气蓬勃，正在兴旺时期，好像早晨八九点钟的太阳。"

这里把青年比喻为早晨八九点钟的太阳，非常形象深刻，发人深省，给人鼓舞。

再如周总理的《在文艺工作座谈会和故事片创作会议上的讲话》，把那些束缚人们创作思想的错误做法比喻为"套框子""戴帽子""抓辫子""打棍子"和"挖根子"。这些比喻形象生动，给人以深刻的印象。

(2) 运用借代

为了把某一问题说得清楚形象，借用与这一内容有关的、比较具体的、为人们所熟悉的另一内容代替它，这就是借代。例如：

"每个共产党员都应懂得这个真理：'枪杆子里面出政权。'我们的原则是党指挥枪而决不容许枪指挥党。"

这里，毛泽东同志用枪代替军队，非常鲜明具体而又形象地说明了党和军队的关系。再如：

"拿中国的情形来说，我们所依靠的不过是小米加步枪，但历史最后将证明，这小米加步枪比蒋介石的飞机加坦克还要强些。"

这里，用"小米加步枪"指代"人民武装力量"，用"飞机加坦克"称代"反动武装"，十分形象地说明了当时敌我双方的物质条件，以及暂时处于劣势的进步力量必然能战胜貌似强大的反动势力这一深刻的道理。

(3) 运用排比

把几个语义相关、结构相同或相似的句子连用，这就是排比。排比能够增强语势，又能增强语言的节奏感，所以在即席讲话中经常用到。例如：

"这种作风，拿了律己，则害了自己；拿了教人，则害了别人；拿了指导革命，则害了革命。总之，这种反科学的反马克思列宁主义的主观主义的方法，是共产党的大敌，是工人阶级的大敌，是人民的大敌，是民族的大敌，是党性不纯的一种表现。"

这段话中用了两组排比句，非常精辟地指明了教条主义的危害和实质，节奏鲜明。又如：

"群众最可爱，群众最可敬，群众最可怜，群众最可畏！"

李瑞环同志讲话中用这一组排比句，把如何正确认识群众的问题讲得很全面，很深刻，既诚恳地表现出他心里装着群众，又深深地打动了听众，受到群众的欢迎。

（4）运用引用

在分析、说明某一问题时，引用著名人物的话或群众中常用的熟语来阐明自己的观点，或引进对方的话加以反驳，都是说话时经常采用的方法。例如：

"俗话说：'到什么山上唱什么歌。'又说：'看菜吃饭，量体裁衣。'我们无论做什么事都要看情形处理，文章和演说也是这样。"

这里引用两句民谚生动说明了做文章和讲话都必须针对具体情况。再如：

"春分刚刚过去，清明即将到来。'日出江花红胜火，春来江水绿如蓝。'这是革命的春天，这是人民的春天，这是科学的春天！"

这里引用白居易《忆江南》中的名句，色彩鲜明地展现出大好春光，象征着祖国欣欣向荣的面貌，表现了作者的欣慰心情。

领导者在即席讲话中，引用名人名言、成语典故以及一些具体事例、数据，能增强讲话的分量，加强讲话的效果。

第五章
做好会议的各项服务工作

　　成功地举办具有一定规模的正式会议，离不开全体会务人员的共同努力，离不开方方面面认真到位的服务保障。在会议举行过程中，会议服务工作头绪繁杂、环节较多，各个环节之间相互关联，互相影响，因此不仅需要讲究总体协调与周密安排，而且还需要会务人员按会议要求，熟记本岗位职责，落实详细任务分工，互相补台，发现问题及时解决，以良好的服务全力以赴保证会议顺利进行。

一、做好会议举行过程中的文秘工作

会议记录是记载会议基本情况的文字材料，是日后工作中可供查考的凭证。它可以为检查会议决议的贯彻执行情况、整理会议纪要、下达与上报会议精神、分析研究与总结工作提供依据。它的制作质量如何直接影响其日后转化为档案的质量。因此必须重视会议记录工作。

1. 认真做好会议录音记录工作

以音像形式做会议记录现在已经为越来越多的会议记录人员所采用。它们具有记录快、逼真、准确的优点，为会议记录提供最有效的参考，所以具有强大的生命力。

音像记录的具体形式有录音记录、录像记录和摄影记录。目前较多采用的是录音记录，所以，这里只介绍录音记录方法。做好录音记录工作，就要做好以下几方面。

（1）录音机和磁带的选择技巧

对于经常要做大型会议录音记录的企业，应选择盘式录音机。**盘式录音机一次性录放的容量大，可减少换带次数，保证录音内容的完整。**也可同时选用中、高档的盒式录音机。

磁带的档次要根据录音机的档次和质量来确定。一般来说，做会议录音使用普通的低噪音磁带就可以了。

（2）录音前的准备工作

一是要对用过的录音机进行认真的清洁、检查，尤其要清洁录音机的磁头。

二是要准备足够的磁带，并且在会前做一次试录音，检查录音机的工作情况和录音效果。

三是要提前到会场，找好录音的位置。为保证录音效果，使用盒式录音机录音对，录音人员应坐在主席台附近，不能坐在扬声器下，以避免把其他杂音录进去。

(3) 录音时的工作

为了保证录音效果，在录音过程中应做好以下工作：

● 开始录音要充分利用录音机的监听功能来监听录音效果，最好始终都戴上监听器监听。

● 要随时观察磁带的转动和转速是否正常，是否有卡带和绞带现象。

● 录音过程中要注意适时翻转或更换磁带，最好选择在讲话人喝茶、停歇时换带。

此外，对更换下的磁带，一定要及时地在版面上标注这盒磁带的盒次、面次、会议名称、讲话或发言人的姓名，以免发生混乱。

(4) 会议录音中的辅助性工作

为便于会后整理录音，在利用录音设备进行录音的同时，还要做一些辅助性的文字记录工作。记下翻转、更换磁带前后的一些讲话，以保证录音内容的完整，同时要记下讲话要点所在的盒次和面次。

会议录音工作是一次性的，录不上无法补救，所以录音工作责任重大。**从事录音工作，必须极为认真、仔细，注意力要高度集中，不得马虎。**

2. 会议文字记录应格式规范

会议文字记录是会议记录中最重要的形式，也是会后对会议整理的重要参与。会议文字记录有一定的规范格式。

(1) 文字记录的格式与写法

①标题。有两种形式：会议名称＋文种，如"×集团公司第三届董事会议记录"；文种，如"会议记录"。

②正文。由首部、主体和结尾三部分构成。

首部，又称会议概况，包括：会议名称、会议时间、会议地点、会议主席（主持人）、会议出席、列席和缺席情况、会议记录人签名等。以上六项应在会议主持人宣布开会之前填写好。

主体，又称会议内容，包括：会议议题，如有多个议题要在前标序号；发言人及发言内容，记录每人的发言时都要另起一行，写明发言人的姓名，然后加冒号；会议决议，决议事项应分条列出，有表决程序的要记录表决的方式和结果。

结尾，另起行，写明"散会"并注明散会时间。

此外，在会议最后，右下方写明"主持人：（签字）"、"记录人：（签字）"。

（2）文字记录的基本要求

一是准确写明会议名称（要写全称），开会时间、地点，会议性质。

二是详细记下会议主持人、出席会议应到和实到人数，缺席、迟到或早退人数及其姓名、职务，记录者姓名。**如果是群众性大会，只要记参加的对象和总人数，以及出席会议的较重要的领导成员即可。**如果某些重要的会议，出席对象来自不同单位，应设置签名簿，请出席者签署姓名、单位、职务等。

三是忠实记录会议上的发言和有关动态。会议发言的内容是记录的重点。其他会议动态，如发言中插话、笑声、掌声、临时中断以及别的重要的会场情况等，也应予以记录。

记录发言可分摘要与全文两种。多数会议只要记录发言要点，即把发言者讲了哪几个问题，每一个问题的基本观点与主要事实、结论，对别人发言的态度等，作摘要式的记录，不必"有闻必录"。某些特别重要的会议或特别重要人物的发言，需要记下全部内容。有录音机的，可先录音，会后再整理出全文；没有录音条件，应由速记人员担任记录；没有速记人员，可以多配几个记得快的人担任记录，以便会后互相校对补充。

四是记录会议的结果，如会议的决定、决议或表决等情况。

五是会议记录要求忠于事实，不能夹杂记录者的任何个人情感，更不允许有意增删发言内容。会议记录一般不宜公开发表，如需发表，应征得发言者的审阅同意。

六是会议结束，记录完毕，要另起一行写"散会"二字，如中途休会，要写明"休会"字样。

七是记录人必须遵守保密规定，不得泄露会议内容。**会议记录要妥善保管，不得外传或遗失，并使用专用记录本，按规定定期归档。**

(3) 文字记录的重点

会议文字记录的重点包括：会议中心议题以及围绕中心议题展开的有关活动；会议讨论、争论的焦点及其各方的主要见解；权威人士或代表人物的言论；会议开始时的定调性言论和结束前的总结性言论；会议已议决的或议而未决的事项；对会议产生较大影响的其他言论或活动。

(4) 会议文字记录的技巧

一般说来，文字记录的技巧有四条：一快、二要、三省、四代。

①快。即记得快。字要写得小一些、轻一点。多写连笔字。要顺着肘、手的自然去势，斜一点写。

②要。即择要而记。就记录一次会议来说，要围绕会议议题、会议主持人和主要领导同志发言的中心思想，与会者的不同意见或有争议的问题、结论性意见、决定或决议等作记录，就记录一个人的发言来说，要记其发言要点、主要论据和结论，论证过程可以不记。就记一句话来说，要记这句话的中心词，修饰语一般可以不记。要注意上下句子的连贯性、可讯性，一篇好的记录应当独立成篇。

③省。即在记录中正确使用省略法。如使用简称、简化词语和统称。省略词语和句子中的附加成分，比如"但是"只记"但"，省略较长的成语、俗语、熟悉的词组，句子的后半部分，画一曲线代替，省略引文，记下起止句或起止词即可，会后查补。

④代。即用较为简便的写法代替复杂的写法。一可用姓代替全名，二可用笔画少易写的同音字代替笔画多难写的字；三可用一些数字和国际上通用的符号代替文字；四可用汉语拼音代替生词难字；五可用外语符号代替某些词汇，等等。**但在整理和印发会议记录时，均应按规范要求办理。**

(5) 作会议记录时的注意事项

会议记录是会议内容和会议进程的客观反映，是日后分析研究整理的重要依据。负责会议记录的秘书或负责录音、录像的人员，应事先熟悉会议议题、会议程序、发言人员名单、器材安置情况等。会议记录要求真实、准确、完整,尤其对议定意见,一定要忠实于原话。这样的会议记录就比较完整,条理清晰。具体有以下几点注意事项。

一是会议记录的重点应将主要讨论的观点、决议、决定、重要的声明、修正案内容、结论一字不漏地记录下来。**而其他的内容可简要概括地记录,无需有言必录。**

二是如果当时漏记了内容,可事先做出记录,然后对照录音磁带修改,也可提示会议主持人请发言者重复内容或对某一术语做出简要的解释。

三是不管是谁提出了一个动议或附议了一个动议或提出了任何行动、意见,都应把提出者的名字记录下来。

(6) 文字记录的核对要点

在会议结束后要全面检查、核对记录,并对文字记录进行确认。这样,一方面要对会议过程中所记内容进行补充和校正,为整理工作带来方便,有利于提高整理工作的质量;另一方面使会议记录具有普遍认可的效力。

核对时要掌握一定的方法。一是对人记录,集体核对,然后分头整理,整理完后,再互相校阅。这种方法准确率高,不容易出现大的遗漏和错误,但花费时间较多。二是多人记录。集体核对,一起整理。即记录人员一边核对一边由一人执笔当即整理出来。这种方法准确率也比较高,但花费时间也较多。三是多人记录,分头核对,分头整理。记录人员整理时以自己所记为主,参考其他人的记录。这种方法整理速度比较快,花费时间比较少。**但应注意不要遗漏,遇到问题应及时提出来研究,最好有一人统稿**。四是一人记录,一人核对、整理。遇到不清楚的问题,记录员可与发言人本人或其他与会人员核对。

核对时,要把握一定的方式。记录人在会议结束后,将整理的会议记录呈会议主持人过目,主持人在确认记录无误后签字,并在记录的结束处做出记录终止符号"#",以防他人随意增添其他内容。

在会议结束之前,会议记录人应将会议记录的全部内容提交给有关与会者,如记录的内容有出入,可当场修正;如确认记录无误,且与会者集体通过。最后由会议主持人在记录的结束处做出记录终止符号"#"。

3. 写好会议简报，及时反映会议信息

会议简报是指在会议期间为反映会议进程和动态而编发的一种简报，报道会议动态、进程和主要成果，具有一定的新闻性质，是简报的一种类型，也被称为会议信息。会议简报要反映会议上的新情况、新问题、新经验、新动向，反映会议的主要议程、与会人员的发言、会议讨论的热点问题、领导的讲话或报告内容、决定的重要事项等，是了解会议情况、掌握会议动态的重要渠道。

会议简报能便于上级领导了解会议进行情况，及时指导工作，推动会议深入开展，同时也便于参会人员相互沟通与联系，并交流经验，还有助于会后查找相关会议资料并及时归档。另外，会议简报常常报道大型会议分组活动的信息，转载各组与会者在分组会上发表的重要意见，能够有效促进会议内部的交流与沟通。

（1）会议简报的特点

会议简报具有一般报纸新闻性的特点，又有本身的特点，主要分为以下几点。

①内容专业性强。公开的报纸，一般是综合性的，内容广泛，各方面的新闻都有，政治经济文化、工农商各行各业、城市乡村、国内国外的新闻等。**会议简报就有所不同，它一般由有关单位、部门主办，专业性十分明显。**如《人口普查会议简报》《计划生育会议简报》《水利工作会议简报》《招生会议简报》等，分别由主办单位组织专人撰写，传递该项工作的各种信息，包括情况、经验、问题和对策等。

②篇幅特别简短。虽然所有报纸篇幅都有限，文章都较简短，但比较起来，公开的大报，一般都有4万多字，地方小报，每期也有2万多字。会议简报姓"简"，简，是它区别于其他报刊的最显著的特点。一期会议简报甚至只登一篇文章，几段信息，或一期几篇文章，总共一两千字，长的也不过三五千字，读者可以用很短的时间把它读完，适应现代快节奏工作的需要。

③限于内部交流。一般报纸面向全社会，内容是公开的，没有保密价值，读者越多越好。会议简报则不同，它一般在编报机关管辖范围内各单位之间交流，不宜甚至不能公开传播，特别是涉外机关和专政机关主办的会议简报更是如此。**有的会议简报，往往是专给某一级领导人看的，有一定的保密要求，不能任意扩大阅读范围。**

（2）会议简报结构和写法

会议简报通常由报头、报身（正文）、报尾三部分构成。

①报头。设在第一页的上方，约占全页的三分之一的位置，下边用间隔红线与正文部分隔开。报头有如下内容：简报名称、期号、编印单位、印发日期。

②简报名称。可由会议会称和文种类别（简报）组成，也有的只标"会议简报"字样。居中，一般用大字套红，醒目大方；编发期数，居名称下，一般用大字套红，醒目大方；编发单位，左下方；编发日期，右下方；密级，右上方写"内部资料，注意保存"；编号：左上方。

③报身。又称正文，是会议简报的主体。报身主要有按语、标题、导语、主体和结尾五部分构成。按语，编发目的；标题，类似新闻的标题，要提示主题，简短醒目，如《提高认识，统一思想．搞好精神文明建设》；导语，交代清楚谁（某人或某单位），什么时间，干什么（事件），结果怎样等内容，导语用一句话或一段话把消息中最有价值、最重要、最吸引人的部分简洁地揭示出来；主体，对导语的具体展开，用充实的材料对导语印证说明；结尾，归纳小结，阐明意义，加深印象，写法可采用小结式、展望式、启发式、引语式几种。

④报尾。在简报最后一页下部，用间隔线与报身隔开，横线下居左写明发送范围。最后，在间隔横线下居右的括号内注明共印多少份。

（3）会议简报的写作要求

编发会议简报首先应充分收集信息，如通过会议记录、收集与会代表的发言稿等形式，为会议简报的编写提供第一手的材料。收集会议信息之后，应严格筛选材料，既确保报道内容符合事情发生的真实状况，又要选择反映会议主要内容的典型材料。

编写会议简报要注意做到快、短、新、准。

快，即速度要快，一般是当天讨论的情况，当天就要印发到参会人员手上。

短，即文字简短、言简意赅，通常不超过千字。

新，会议简报的内容要紧紧围绕会议的新情况、新问题、新经验，反映与会代表们的新认识、新意见和新建议。

准，即内容要准确，反映情况一定要准确无误，反映的观点材料，必须忠于参会人员讲话的原意，一些关键的词句，最好是参会人员讲话的原话。

（4） 编发会议简报的工作流程

编发会议简报是会议期间的一个专项工作，需要根据编发要求持续进行一段时间。即使所编发的会议简报期数较少，甚至只有一期，也应按照特定的工作流程来完成这一工作。

①确定简报的编发期数、时间与主要内容。在会议正式开幕之前，应指定专人负责编发简报工作，一般由秘书组或文书组承担这一任务。编发人员应根据确定的会议日程，事先对会议简报编发期数、时间与主要内容。

②编辑简报。根据简报的格式规范，将相关文章编辑在一期简报中。

③发放简报。简报完成编辑、印刷、装订等一系列环节后，应及时向参会者发放。发放时可人手一份；如果参会人员较多，也可以根据会议分组情况，每组若干份；也可以按照住宿情况，每个房间一份。**发放时应注意不能漏发、重发**，可以使用发放登记表对发放情况进行统计。

4. 及时地撰写会议报道

会议报道是新闻报道的一种，其写作要符合新闻稿件的写作要求，要与新闻消息的快、真、实、简、活的特点相吻合。会议报道写作要充分了解会议情况，做好听会、跟会等工作，充分领会会议主题精神，这是非常必要的准备工作。同时，要写好会议报道，必须关注各种会议信息，善于捕捉敏感话题，找准切入点，找到读者最关心的问题进行写作，并且要寻求思路上的创新，在固有模式中寻求突破。

（1）会议报道的特点

①时效性。**会议报道注重时效，只有快速准确地将会议情况进行报道**，才能让受众尽快了解会议的组织、实施情况，以及解决的问题。

②真实性。会议报道讲究用事实说话，对会议的时间、地点、人员、内容等方面的报道，都必须真实可靠。正如真实是新闻的生命一样，会议报道也必须客观报道会议的真实情况。

③简明性会议报道具有时效性的特点，为了实现快编快发，会议记者也非常注重报道内容的短小精悍。

（2）会议报道的写作模式

①标题。会议报道的标题分为引题、正题、副题三部分。按照不同组合方式，会议报道标题有单行标题、双行标题和三行标题三种。

单行标题，只有正标题，用于内容单一的新闻，如《十一届全国人大四次会议在京闭幕》；双行标题，由引题加正题，或由正题加副题组成，如《让人民生活得更加幸福更有尊严——二〇一三年全国两会述评之三》；三行标题，由引题、正题和副题三部分组成。

②电头和署名。会议报道的电头有两种形式：一是由消息来源、消息时间和"电"字构成，如"新华社北京10月4日电"或"本报伦敦11月25日电"，时间只标月、日；二是只由消息来源构成，如"本报讯""本刊讯"等。

会议报道署名大都置于电头之后、导语之前，以"记者"形式出现；也有的把署名置于正文之后右下角，用括号括上。

③导语。导语是会议报道的开头部分，通常是会议报道的第一句或第一段话。导语写作主要有叙述式、评论式、描写式、引语式等。

在会议报道中，以叙述式导语居多。主要采用直接叙述的方法，将会议的时间、地点、名称、出席人、内容、议题等，简明扼要地写出来。

④主体。主体是新闻报道中承接导语、展开内容、阐述主题的关键部分。会议报道的主体部分主要是对会议内容进行详细介绍，通常包括以下几个方面：说明会议目的和宗旨；介绍会议议题、议程；介绍会议嘉宾、

参加人员、主持人等；提炼领导讲话，概括发言、演讲内容等；概括会议精神；总结会议要求。

会议报道主体的写作顺序可根据会议内容确定，一般采用时间顺序、逻辑顺序或者时间顺序和逻辑顺序相结合的方式。时间顺序即按照会议召开的时间先后顺序排列内容，逻辑顺序一般按照会议内容各要素的重要程度进行排列。

⑤背景。背景是对新闻事实产生的历史、环境、条件、原因以及与周围事物联系的说明。会议报道背景一般是会议召开的现实背景。

⑥结尾。新闻报道的结尾方式主要有总结式、评论式、展望式、引语式等。会议报道一般采取自然收尾的情况，将会议内容介绍清楚后自然收束。

二、做好会议现场的服务工作

1. 会务现场工作人员的着装要求

在会议过程中，会务工作人员给人第一印象的往往是着装。着装是一种文化，它有广义和狭义之分。从广义而言，着装是指人的服装穿着、饰物佩戴、美容化妆三者的统一；狭义是专指衣着穿戴。

（1）女性工作人员的着装要求

女性工作人员着装要求美观大方。在大型会议场合可以穿旗袍、中式小袄配裙子或西装。

礼服，一般采用紧扣的高领、贴身、身长过膝、两旁开衩、斜式开襟，但在大型会议场合穿的旗袍开衩不要太高，一般在膝盖以上3~6厘米即可。

内衣（背心、衬裙、裤头）千万不能露在外衣外面，如果是薄料子衣服，里面的衬裙要合适，颜色要相配。

一般来说，穿裙子应穿高筒袜或袜裤，要避免丝袜漏丝与漏洞。

在正式会议上不能穿靴子，也不能穿紧身裤，最好穿旗袍或连衣裙、套裙。

(2) 男性工作人员的着装要求

男性工作人员穿着西装要合体、优雅、规范。打领带时，衣领的扣子要系好，领带要推到领扣上面，下端不要超过腰带。

如果穿毛衣，领带要放在毛衣里的。

西装的纽扣，在非正式场合一般可以不扣，但在正规场合应将实际纽扣，即单粒扣的第一粒，或三粒扣的中间一粒扣上；而双粒扣的第二粒，三粒扣的第一、第三粒都是样纽（也称游扣），不必扣上。西装左侧有个扣眼，人称"美人眼"，通常在这个扣眼上别一朵花或别上徽章、别针等。西装左胸是装饰袋，常用手帕卷成各种花型露在袋上，手帕多用麻纱、丝等质地。

衬衣应放在裤子里，领子、袖口露在西服外 1 厘米，衬衣袖子不应卷起来。

穿西装时，手插在裤兜里，不能插在上衣口袋里。

2. 发放会议材料与引导代表入座

(1) 发放会议材料

会议中所需要的文件材料，会议工作人员应及时、准确地分发到每位与会者手中。分发会议文件和材料有两种形式。会前分发文件和材料，可以在与会者进入会场时，由会议工作人员在会场入口处分发给每位与会者；也可以在开会之前，按要求在每位与会者的座位上摆放一份文件材料。会中分发文件材料，可以把会议工作人员分派到各组，每人负责每组的文件材料的分发和收退。需要收回的文件材料，一般在文件的右上角，写明收文人和收文时间，收文时要登记，以免漏收。

对于某些保密程度较高的会议文件，要按照编号分发。会务人员分发这种保密文件时，要注意准确性、保密性以及登记手续的完整无误。如果一次会议要发几个保密文件，每个人拿到的会议文件上的编号应一致。这利于会议文件的管理与回收。可以在会议文件上加盖与会者姓名章或在会议文件上写上与会者姓名，按人装封分发。封上应加盖密封章和限时章，同时要完善签收手续。特别重要的会议文件分发还要采用回执的办法，与会者收到会议文件后，在回执上签字，将回执退回发文机关。

（2）引导代表入座

参加会议的人员事先可能不熟悉会场，因此，会务工作人员要把与会者引导到相应的座位上去。这样既方便与会者，又维持了会场秩序，保证了会议效果。一些大型会议，会场较大，参加会议的人数也很多，更需要引导座位。

为减轻会务工作人员的负担，可以采用印刷座次表，在会场上设立指示标记、在签到证或出席证上注明座次号码等方式，引导与会者顺利地找到自己的座次。

引导代表入座一般遵照事先排列的座次表来进行，但也要兼顾特殊情况。例如一般会议室离门口最远的地方是主宾的位子，但有些人位居高职，却不喜欢坐主位，如果他坚持一定要坐在靠近门口的位子时，你要顺着他的意思，让与会者自己去挑选他喜欢的位置，并做好其他位子的顺应调整。

3. 做好会议期间的信息提示

信息提示的具体方式主要有电话叫早、小区短信、信息卡片等方式。

（1）电话叫早

电话叫早是与会人员所入住的酒店常用的提示方式。客人拨通酒店总机电话，说出叫醒时间，值班员记录下来，到时间后拨通客人电话叫醒客人或由交换机电脑来拨号叫醒；或者会议主办方定好叫早时间，由酒店统一安排提供电话叫醒服务。

（2）小区短信

小区短信系统，是一种个性化服务短信发布系统。它利用移动通信网络及短消息发布平台，在会议地点让短信发布者为参加会议人员提供他们最需要的个性化短消息。会议组织方可以向手机运营商订制特定信息，由运营商来向参会人员发送短信，使参会人员享受特定的服务。

(3) 信息卡片

在会议期间每天更换信息卡片的内容，由酒店服务人员摆放在参会人员房间的特定位置。卡片内容常包括第二天的天气情况、会议安排等。

4. 保持会议期间与外界的联络

会议进行中，不是与外界隔绝的，需要会务工作人员进行内外联系，传递信息。如有关部门的紧急情况要转达与会者，传递信件、电报、接电话等。

会务秘书要协助主持人组织好大小会议，并做好上下联络。要收集掌握会议动态，并随时把会议的进展情况、与会者的建议和要求向会议主持人汇报，同时及时将主持人的安排意见及有关领导人的意图传达贯彻下去，做到上下沟通，有利于问题的解决。

会议在进行过程中，如会务工作人员接到寻找与会者的电话，应妥善地做好转接工作。 一般而言，只要不是特别紧急的电话，均可先不传呼，先记下相关内容，等待会议中间休息时或会议结束后再交给当事人；只有内容十分紧急的电话，会务工作人员才用纸条通知当事人接听。

对会议进行过程中的来访者，如有急事，会务工作人员可请来人稍候，然后用递纸条的方式，告诉当事人自己来处理。

在内外联系、传递信息中，会务工作人员应该注意会议内容的保密，任何保密的会议内容都不可泄露出去。

5. 茶水服务应注意的礼仪细节

在所有的会议中，都必须准备茶水、饮料。会上所提供的饮料，最好便于与会者自助饮用，因为频频斟茶续水往往既不卫生、安全，又有可能妨碍对方。但中国人习惯饮用热水，所以国内很多会议还是习惯给与会者上茶。**一般情况下，可以在会议桌上摆放一凉（如矿泉水）一热（茶）两种饮料，由与会者自己选择。**

给与会者上茶的礼仪具体有以下几点。

（1）茶具要清洁

在招待与会者时，茶具要特别讲究。冲茶之前，一定要把茶具洗干净，尤其是久置未用的茶具，难免沾上灰尘、污垢，更要细心地用清水洗刷干净。**在冲茶、倒茶之前最好用开水烫一下，这样既讲究卫生，又显得彬彬有礼**。注意不要使用有缺口或裂缝的茶杯。如果用一次性杯子，在倒茶前要给一次性杯子套上杯托，以免水热烫手。

（2）茶叶要适量

茶叶不宜过多，也不宜太少。茶叶过多，茶味过浓；茶叶太少，冲出的茶没味道。假如与会者主动介绍自己喜欢喝浓茶或淡茶，那就按照他的口味把茶冲好。杯中茶水只能倒七分满，否则容易溢出烫伤人。

（3）端茶要得法

上茶时应用双手端茶。对有杯把的茶杯，通常是用一只手抓住杯把，另一只手托住杯底，把茶放在与会者桌上右前方，并将杯把转向与会者，方便其取放。

（4）及时清理茶具

会场工作人员应及时清理用过的茶具，并按要求重新摆放整齐。

大中型会议应有专人提供茶水服务。会议服务人员在提供茶水服务时要把握以下几个要点：一是要提前半小时准备好开水，开会前15分钟开始沏茶。二是与会者入座时主动表示欢迎、问候，并快速给其上茶。茶水的温度应在70℃左右，不能太烫或太凉，应浓淡适中，倒入茶杯七八分满。上茶时一定要轻声示意，避免对方无意碰撞，摆放时右进右出。**从地位高的与会者开始上茶，再给主方人员上茶**。三是要注意观察与会者饮水情况，并及时续水。添茶的顺序与上茶时一样。续水时用右手端起杯子撤至与会者右后侧约20厘米处，用左手拿的容器添满茶水。以防溅到桌面或与会者身上，然后轻轻放回原处。

大中型会议，不方便给所有与会者上茶，应设饮水处，为与会者提供饮料，如温茶、咖啡、纯净水等。

（5）续水的九"不"要求

- 一不可瓶口距离杯口过高，以免热水溅出杯外。
- 二不可直接往桌上的杯中倒水，而应端起水杯。
- 三不可把杯盖扣放在桌面或茶几上，这样既不卫生，也不礼貌。
- 四不可从他人肩部或头上越过。
- 五不可用手指触碰茶杯边沿。
- 六不可在倒水、放杯、扣盖时发出声响。
- 七不可没有语言提示，应小声说："您好，为您添水。"
- 八不可倒得太满以致溢出，七八分满为宜。
- 九不可长时间中断续水。

6. 茶歇服务的礼仪细节要求

茶歇就是为会间休息兼气氛调节而设置的小型简易茶话会。一般大型会议较少有茶歇，中小型会议特别是公司或组织高层会议，会间茶歇很重要。

茶歇的饮品有矿泉水、白开水、绿茶、花茶、红茶、奶茶、罐装饮料、咖啡、微量酒精饮料、牛奶、果汁等；点心一般有各类糕点、饼干、西式蛋糕、袋装食品、各类甜品、时令水果、花式果盘等。

茶歇的服务包括准备点心、饮品、摆饰等，不同时段可更换不同的饮品、点心组合。

通常茶歇的准备要求包括点心要求、饮品要求、摆饰要求、服务及茶歇开放时间要求等，不同的时段可以更换不同的饮品、点心组合。

其一，根据与会人数制定茶歇服务所需茶点数量的预算。人数的统计越精确，服务越好，因为如果临时需要增加人数，厨房可能来不及备餐，而且还会耽误时间。

其二，茶歇服务的时间通常延续15~30分钟。茶点必须要在会议预订结束前15分钟准备好，在茶歇尚未开始前可打开20%左右的饮料。

其三，为了避免拥挤，应将茶点摆放区域内各个食品台分隔开来，并应最先开放距会场主要进出口最远的台位。

其四，用醒目的标志标明饮料的种类，方便客人取用。

其五，为了使客人取用方便，应按合理顺序摆放食品台上的物品。一般顺序是将咖啡杯放在最前端，然后是普通咖啡、不含咖啡因的咖啡、茶袋和热水，咖啡伴侣、奶、袋糖和勺等应摆放在距饮料台不远处的另一张台子上。

其六，每75~100人设一张食品台。

其七，茶歇服务人员与客人的比例一般为1：100。

其八，如果是夏天，最好增加一些冰茶，如50%的热饮再加50%的冰冻饮料，下午时间段则可备35%的热饮加65%的冰冻饮料。**出于健康考虑，茶点也可增加一些新鲜水果、酸奶、果汁。**

其九，在提供完第一天的茶歇服务后，饭店应注意统计茶点的消耗量和剩余量，据此预测第二天所需茶点的数量和种类。

7. 会议中的其他服务工作礼仪

（1）会议通讯录的及时制作与发放

参加会议不仅可以开阔眼界，增长见识，也是难得的积累人脉的机会。有的会议将大会名录作为会议材料在大会报到时发放。如果会中发放通信录，更要注意核对参会人员信息，以防出错。

编印会议通讯录，可以保证会议组织机构同与会者之间的联系，可以为与会者提供互相联系的便利工具。通讯录的内容主要有姓名、性别、单位、联系地址、邮编、电话与手机号码、电子邮箱等项。通讯录需要记载的内容，会务工作人员可以事先请与会者在发会议回执时一起发给会议筹备组，也可以在与会者报到时，请他们提供，或在会议期间，请与会者提供。

会务工作人员在收集齐与会者的通信方式后，就应及时地安排打印，校对无误后按人数印制、分发。除确保每个会议代表人手一份外，印数还应留有余地，以备特殊的需要。**对因特殊原因未能如期与会的人员，会务工作人员应注意收集其个人的信息，编入通讯录中，并设法发放到位。**

(2) 会议医疗卫生服务工作

会议中的医疗卫生服务直接影响着参会者的身体健康，必须采取有效措施保障医疗卫生工作。

①根据会议需要设立医务室。如果参加会议的人员数量众多，尤其是当其中有为数较多的年长者时，则十分有必要设立临时医务室。医务室的医务人员应具备特定的资质，数量1~2人即可。医务室应备有日常所需的应急药品，如治疗高血压、心脏病、感冒、外伤等疾病的药品。**如果会议地点附近有医院，可将其指定为定点医院，与院方开展合作。**

②检查饮食，保证安全。在大中型会议中，组织者应抽调专门人员，提前做好饮食卫生检查工作，必要时可采取抽样检查和全部检查的方法，进行严格化验，防止发生食物中毒。在夏季，尤其要注意食品原材料的新鲜程度。还应检查餐具、茶具是否洗净、消毒，饮用水是否煮沸，被褥是否洁净。

(3) 会议联谊活动

会议联谊活动一般安排在晚上的业余时间，地点可以选择在会议驻地的宾馆中进行中。**联谊活动的常见形式有舞会、卡拉OK、观看文艺表演、观看电影等。**

举行舞会，应根据参加者人数来选择适当的舞厅。舞会现场应进行适当布置，提供茶点、饮料等服务。舞会中的伴奏音乐应根据参加者的年龄层次来合理选择。在舞会中，可以穿插一些小游戏以调节气氛。

卡拉OK演唱活动，也是大家喜闻乐见的一种文化活动，简便易行，参加者交流自然亲切，能够在唱歌过程中形成友好的氛围，为有效沟通创造了条件。

观看文艺表演之前，应做好充分的准备工作。选择的文艺节目应能够体现当地文化特色，演员和舞台的水准应比较高，避免因政治问题、宗教信仰、风俗习惯等因素引起参会者的不满或误解。

(4) 突发事件的处理

会中突发事件的处理是会议中期重要的工作，会议工作人员办事是否果断，直接影响到单位的整体形象，对整个会场的秩序和会议的效果都会产生严重的影响。所以，组织会议的秘书必须重视会中突发事件的处理工作，尤其是一些重大的会议，更是要注重会中突发事件的处理工作。

要做好相关的会中突发事件的处理工作，首先要弄清会议的内容、性质以及与会代表的人数，了解会议突发事件的种类；其次要掌握会中突发事件处理方案的内容和具体措施，**当事件发生时，要能够沉着冷静地采取处置措施。**

如果在会议召开期间发生突发事件，应注意做到以下两点。

一是及时报告。突发性事件发生之后，会场有关的工作人员要马上将事件发生的时间、地点、经过、危害程度等情况及时向单位的领导报告，涉及某些部门的事件先向其部门领导报告，然后再向单位的主管领导汇报。

二是提前采取应急处置措施。**必要时应拨打救护、消防等单位的电话，迅速组织人员急救，组织保护现场，积极抢险救灾。**

三、会议的交通服务

会议交通服务就是对会议车辆进行科学调配，以保证会议用车的工作。大型会议与会者的住宿地和会场一般都不在一起，因而会议的交通保证是一项重要工作，它直接关系到与会者的集体活动、会议组织的工作需要，应引起会议工作人员的高度重视。会议交通服务是办会工作的一个重要环节，这就要求会议工作人员要做好这项服务，掌握其中的礼仪细节。

1. 会议用车的制度化与工作安排

(1) 会议用车的制度化

为了会议期间科学合理地用车，会议主办方必须事先制定关于会议用车的制度，预防职责不清、滥用车辆等问题发生。会议用车的制度化包括：车辆检查与维护制度、车辆征调与租用办法、车辆调度办法、会议车辆停放办法、会议停车指挥办法、意外情况应急办法、会议交通服务人员的职责规定等。

（2）会议用车工作安排

会议交通服务的工作安排比较复杂，要求会议主办方事先将交通服务的具体工作一一列出，力求做到周密细致。会议用车工作安排主要包括以下几个方面。

- 合理计划，及时筹齐会议用车。
- 根据整个会议的日常和临时需要，合理调度和使用车辆。
- 预订好停车场地，做好不同车辆的停车规划。
- 印发会议车辆通行证，指挥停车。
- 车辆的日常保养与维修。

2. 会议用车的人员管理

（1）安排优秀的司机

会议期间，司机和与会者接触较多，司机的驾驶水平和服务态度是会议交通服务质量的重要体现。 因此，会议主办方在选择司机时除了考虑司机的专业水平外，还要考虑司机的综合素质。

（2）必要时配备随车人员

会前接待、会后欢送、临时集体性的会议外出活动（如参观、考察、游览、购物等）过程中的交通服务，单靠司机一个人是照顾不周的，这就需要配备随车的接送人员、服务人员、陪同人员等。这些人员除了完成接送、服务、陪同工作之外，在车辆行驶、停放等方面也应配合司机做到安全、细致，让与会者舒适、满意。

（3）对司机和随车人员的培训

为了使会议交通服务工作更加精细、周到，会议主办方需要对司机和随车人员进行适当的培训。 培训的主要内容有以下几项。

- 接待和欢送与会者的礼仪与注意事项。
- 各项保证交通安全的制度规定和具体方法。

- 应对各种突发事件的方法。
- 工作人员如何相互协调配合。

3. 会议用车的组织

（1）对会议用车类型、数量的确定

会议用车的类型、数量应根据与会者人数的多少、级别等来确定。车辆的配备，应明确其类型、状况、容量等具体情况。**用车之前，应对所配车辆进行严格检查，确保其正常、安全。**

（2）会议租车

如果会议主办方的车辆不够，就需要向另外的单位借或租用车辆和司机。租车时应注意以下几方面。

- 预订车辆最好提前一到两天，预订周末的车辆需要提前两到三天。
- 用车天数应定为最少天数，如不够用，可在还车时间之前打电话续租。
- 前去租赁公司提车时，需带齐所有证件的原件。
- 签署车辆租用合同前应仔细浏览合同的内容后再签字。
- 在发车、还车、验车时应仔细查看，确认无误后再签署单据。
- 万一发生事故，应尽快通知相关部门。一定要有交警的事故判定书，这是保险理赔所必需的证明。

（3）对会议用车的合理配置

每类车的用途、接载对象都要明确，用车能固定的尽可能予以固定，如确定某一小组乘坐几号大车，哪几个人合用一辆小轿车等，这样既可以防止出差错，也方便与会者。

4. 会议车辆停放

（1）停车场的准备和筹划

大中型会议应准备足够的停车场地。在考察停车场地时，应着重考虑以下问题。

- 该停车场安全程度如何？停车场什么时间开门及关门？
- 停车场能容纳多少辆车？能否为与会者专门划出停车区域？
- 有贵宾专用的停车区域吗？能容纳多少辆车？
- 停车的费用多少？停车费能预付吗？如果不是预付停车，那能否为会议停车争取到优惠？
- 该停车场附近，有没有影响交通流量的因素？在会议的同一时间，有没有其他会议或活动在举行？它们什么时候开始和结束？
- 在与会者大量抵达和离开的时候，停车场能有多少人员值班？
- 轮椅能在停车场所有地方自由出入吗？如果不能，有哪些地方可以自由出入？
- 如果有媒体参加，他们的车及设备应放在哪里？
- 会议主办方工作人员在哪里停车？

（2）会议车辆停放的指挥管理

①指挥车辆停放的原则。如果与会者人数较多，或开会场所的停车场比较拥挤，会议主办方要安排专门的交通人员来指挥交通，以避免争先恐后、乱成一团的现象。如果与会领导者的级别较高，或嘉宾中有受大众追捧的明星人物，为维持交通秩序，还应请公安部门予以协助。一般而言，指挥车辆停放应坚持五先五后的原则，即：**先外宾，后内宾；先小车，后大车；先重点，后一般；先车队，后单车；先来停近，后来停远。**

②根据不同情况指挥车辆停放。指挥停车要因时、因地制宜，根据不同情况采取不同办法。指挥停车通常有以下三种情况。

- 会场门前停车场地宽阔。这时可指挥车辆先进入停车场地停车，然后再让与会者下车。
- 停车场地狭窄，与会者又需要在会场门前下车，应指挥车辆先在会场门前停车下客，待与会者下车后，立即指挥车辆到指定地点停放。
- 活动场所门前不便停车，而又需迎接首长、外宾的车，应先在活动场所附近为首长、外宾的车准备临时停车地，待首长、外宾下车后，再指挥车辆到指定停车场停放。

③车辆停放排列的方法。根据停车场情况,车辆停放排列主要有以下五种方法:

● 首尾相衔接,纵列依次停放。适用于车辆停放集中的大车队以及领导、贵宾的小车队等。可以利用道路停车,能够保证车辆在散场时依次离开。

● 齐头平列,单横排停放。适用于小型轿车集中来、分散走,或分散来、分散走的各种晚会、展览会等。有条件的停车场地应首先考虑采用这种方法,因为其不仅便于随时调车,停车也安全、迅速,便于集结和疏散。

● 斜排停放,即车头向着去的方向斜排停放。这适用于停车场地狭长,又紧靠建筑物的场合,或在道路两侧停放时也可采用这种方法。

● 方阵停放,即车辆横直数排成行停放。这适用于集中来、集中去的大型会议。在车辆多、场地小或场地短而宽的情况下,常采用这种停放方法。

● 主要领导和贵宾的车辆单排,与一般车辆的停放地分开。

停车方法的安排应尽量争取缩短停放时间,争取一次性停好,集结快、疏散方便。

四、会议的住宿服务

会议期间的住宿安排是一项相当复杂与耗时的工作,是一项具体细致的工作,要提前编制住房分配方案。需要根据会议性质、人数等进行综合选择并列出住宿清单。有关工作人员要对饭店的设备特别了解,负责住宿的工作人员到饭店,听取各饭店业务人员一一介绍,以便到时候回答与会者的问题。

1. 会议住宿地点的选择

要是由与会者自己支付住宿费,就需选择几家价格、条件不等的招待所、饭店、宾馆或者同一家宾馆不同标准的客房供其选择。如果是会议筹办方集中安排住宿,则要考虑以下几点。

(1) 客房的标准是否符合会议要求

客房的硬件和服务水准是决定一个会议最终选址的最关键因素之一。**会议的决策者以及与会者都希望在一个能够体现公司形象和地位的饭店里开会，不一定是要最豪华的地方，但是需要有档次和吸引力。**另外，一个普通的销售会议和一个奖励会议对客房的要求也不一样，一个销售会议只需要一个合适的饭店，而奖励会议则需要一个公众热望的饭店。对于国内的大多数公司会议而言，三星级至四星级的标准可能是最保险的选择，既保证了体面，又不至于过于奢侈。

(2) 在会议期间可供使用的房间总数有多少

没有与会者愿意在会议期间被分开，因此满足需要的充足的客房是必需的。会议地点的客房总量很容易得知，但关键是要掌握在会议期间可以提供的房间总数以及不同房型的数量。由于预订可能会被取消，很多会议地点在旺季都存在超额预订的问题，如果到时没有取消预订的情况，客房就会供应不足，这种情况是必须注意的，尤其在旺季举行会议，一定要有合同约定。

(3) 是否有不同的房型满足不同与会者的需求

客房的类型通常包括单人间、标准间和套间，通常双人标准间的需求最多，但是如果有贵宾到会，或者是会议期间有小型讨论、洽谈，则可能需要套间。

(4) 客房的配置条件如何

国内所有的星级酒店，都有相应的配备标准和要求。以三星级酒店为例，应配备：全套床上用品；各类型毛巾7条（浴巾2条、面巾2条、方巾2条、地巾1条）；卫生用品（香皂、浴液、洗发液、护发素、牙刷、牙膏、漱口杯、浴帽、卫生纸、卫生袋、拖鞋、污物桶、梳子、浴帘、防滑垫、洗衣袋、面巾纸等）；文具用品（文具夹、信封、明信片、信纸、便笺、传真纸、圆珠笔、铅笔、便笺夹等）；服务提示用品（服务指南、电话使用说明、住宿须知、送餐菜单、电视节目表、价目表、宾客意见表、防火指南、提示牌、挂牌、洗衣单、酒水单）；饮品及饮具（茶叶、茶杯或热水杯、暖水瓶、凉水瓶、凉水杯、酒杯等）；其他（衣架、烟灰缸、火柴、擦鞋用具、纸篓、针线包、杯垫、礼品袋、标贴、晚安卡等）。这些用品五花八门，看起来无关紧要，但是如果没有这些东西，却可能对会议造成影响。需要注意的是，按照国家旅游局的评定标准，以上所有用品都是必需的（四星、五星的酒店要求更高），而且有具体的数量要求（比如信封就应该有两个以上的国内信封和两个以上的国际航空信封），但是大多数的酒店都不能完全按照规定的数量来配置，这也可以反映出一个酒店的管理和服务水准。另外即使有配备，配备的用品的质量也有很大的差别，这方面很容易就显示出酒店的档次定位，会议组织者应该注意这些细节。

(5) 客房的服务水平如何

低水准的客房服务将使一个设计和经营都很出色的会议地点顿时黯然失色，而要判断房间管理的水平，就必须亲身体验，可以通过观察公共区域的房间管理来确定其服务水平，比如烟灰缸是否及时清理？周围有没有垃圾？工作人员是否能够训练有素地进行清洁和整理工作，同时不打扰与会者？他们会不会在一场会议刚刚结束，与会者退场并涌入走廊的时候，匆忙清理卫生？

(6) 什么时间可以入住

很多时候，与会者并不是来自于同一个地方、同时入住酒店，尤其是一些全国性的会议，与会者来自于四面八方，到达的时间不一样，有的可能在早上就到达了，需要提早入住，但是多数酒店的客房只能到中午12点上一拨客人退房后，才能够入住，尤其是在房间紧张、没有空余房间的情况下，这个矛盾就尤为突出。会议的组织者应该与会议地点协商，要求能够安排提前入住。如果不能够提前入住，组织者必须清楚地了解这一情况，提前通知与会者。

(7) 最迟何时退房

退房时间是会议组织者必须考虑的一个部分。通常即使在最后一日，会议也会有很多议程，会议结束的时间，可能定在中午12点，甚至下午，而与会者离开的时间，因为航班或火车时刻的关系，可能在下午或者晚上，这样就产生了时间冲突问题。当然，最好的解决办法，是与会议地点协商延迟退房，这种协商应该在签订合同前完成，如果在会议开始后再谈，会议地点可能因为已经预订了下一批新的与会者而难以安排。在遇到这样的困难有几种不同的解决办法可以选择，例如：一部分房间可以推迟退房，这对很多需要乘飞机离开的与会者来说十分重要；会议地点可以提供行李寄存服务，妥善地保管好退房后的与会者的行李，可以安排他们购物、观光等。

2. 预订会议住宿的方式

会议期间可能需要大量的房间，这些都必须事先预订，否则会造成住宿方面的问题，特别是遇到旺季，可能找不到房间住，在此针对会议住宿的方式分别作说明。

（1）订房卡

如果会议需要住宿的人数不多的话，可以直接向饭店或会议中心索取订房卡。主办单位随同会议通知寄上订房卡再由与会者直接向饭店订房。这份订房卡或申请表亦可按照基本格式事先印制，在印制前先做一份草案请饭店核对房价、订金等事项是否有误，通常饭店会希望注明如果订金没有收到则无法确认，另外也可以注明有何税金或服务费。

另外还有一点也很重要，就是强调订房截止日，以鼓励与会者尽早预订。 截止日确定是与饭店在签订合约前同意的。

（2）住宿预订单

将一份表格寄给你邀请的人，要求他填写陪同人员名字、希望哪种房间、抵达与离开日期、房型、住宿费、收款方式等，并要求对方反馈信息，是否住宿。

一旦房数被确定，就列出可供参考与选择的饭店，然后与饭店业务代表谈房价。

如果可能，最好实际去看一下饭店房间的设备，这不但有助于讲价，提出一些与会者可能会问的问题请饭店人员答复，同时也可以了解饭店预订作业和前台服务情形。

（3）特别预订

有些会议筹办人在所有预订房间中保留数间给特定的人或团体，并给予特别处理，例如：总计预订 400 间，40 间为 VIP（贵宾）使用，其余 360 间为与会代表，使用特别预订是因为有些记者和参展商要小心地接待。

要详细与饭店业务代表讨论细节，并形成文字，彼此要了解以下内容：特别预订多少房间，什么类别和房价；预订的作业程序；什么时限内未使用的房间转到一般预约中。

3. 与会议住宿饭店签订合约

饭店的合约书中详细记载了价格和房间类型，为了使作业有效率，饭店给的价格要确定，而不是在某个价格范围之间。合同里需要写明与会议相关的各种事项，分清权利和义务，从而当出现争议时，法庭将按合同中双方意见一致的条款，按有利的方式保护利益受损方。一般会议合同的内容如下（具体合同双方另议）。

- 房间数目和房间价格：列明每晚所需房间数和房间价格。
- 免费房间：注明会议组织人员每晚可免费使用的房间数。
- 工作间及房价：除免费房间外，会议工作人员还可享受优惠价格的房间；优惠程度依所需工作间数目和本次会议给酒店带来的生意规模而定。
- 套房、贵宾房：本条款需列明具体的房间要求。
- 房间位置：应列明各个所订房间的具体方位和房间档次。
- 平均房价：是根据各种类型房间占相同百分比计算出来的一个调整后的平均价，适用于各类房间。
- 无转移条款：即会议举行期间如遇酒店所订房间超出实际接待能力时，不得使会议人员转移其他酒店。
- 入住及退房登记：登记情况视酒店规定而定。
- 提前入住和推迟退房：如果在该问题上的需求与酒店规定有所偏差，则一定要在合同中注明。

- 预订取消日期：一般规定为预订者在计划使用日期之前30天。这一条双方可以再协商。
- 会议场所要求：如果会议规模可能出现调整，最好在合同中确定一个调整时间。
- 会议场租：可以是一个固定价格也可以根据所订客房情况协商。
- 24小时租用：如果是按24小时租用酒店会议室，那么即使24小时之内你们不用会议室，酒店也不得使用。
- 会场变动：合同中已注明预订的是哪些会议室，没有酒店的事先通知和会议方的书面同意，已订好的会场不能再有变动。
- 房间定金：合同中必须注明预付定金的具体时间。不能因为没有支付定金就失去所订房间。合同中应要求酒店在定金预付日期到来时提醒你。
- 结账：谁来负责会议方结账事宜，谁有权在账单上签字，有哪些具体事项，账单上包括哪些费用，哪些费用是个人来付的，这些问题必须在合同中说明。
- 餐饮消耗：此条款规定对于因活动取消、活动改为在酒店以外进行或与会人数不足而引起的餐饮活动减少，会议方应给予酒店一定补偿。
- 仲裁条款：如果合同中有同意仲裁解决争议的条款，在签订合同之前，要先决定会议方是倾向使用仲裁手段还是反对使用仲裁。仲裁解决争端比诉讼的费用要少，并且进行起来更快，但有约束力的仲裁裁决使得不利方不能再上诉。
- 视听设备租用：明确视听设备的种类（可以包括设备的品牌）、数量、租用时间、费用。
- 会议物资运抵酒店：在会议举行之前，会议所需用的物资要运到酒店的库房。在合同中应注明库房的工作时间和酒店政策。
- 电话附加费：尽量与酒店协商，免付电话使用附加费。协商文件应包括在合同中。
- 展品的处理：展品运进、运出酒店的时间上的规定对费用开支有很大影响。对于酒店在这方面的规定和可能会有的限制和局限，双方应进行协商和讨论。

- 最低餐饮消费：有些酒店的合同上有最低消费这一条款，规定客人的早餐、午餐和晚餐花费必须达到某一最低金额。
- 安全、防火规定：酒店符合安全和防火的有关规定。
- 残疾人保障：合同中特别列明酒店内设施和政策与有关残疾人保障法是相符的。
- 合同的终止：如遇第三者原因（不可抗力或特殊事件）的发生，则允许一方提出终止合同而不受违约罚款。即终止合同的一方对影响会议正常进行的事态无法控制。
- 免责：双方应同意，对于一些疏忽事件和其他一些不影响会议进行的偶然突发事件对方不负责任。
- 订房确认报告：如果不写入合同中，那么必需的订房确认书会议方很准得到，所以有必要在合同中加入订房确认报告这一条款。

另外，还应保存一份书面合同，并将所有的回复传真或信函作为书面承诺归档保存。

4. 会议房间的分配

会议住宿工作人员在分配会议房间的过程中，应做好以下几个方面的工作。

其一，如果出主办方支付费用，则需按其职务标准安排住房，除了部分嘉宾和主办方的领导，其他与会人员的住宿标准相近。

其二，年龄较大的与会者和女性应尽量安排到向阳、通风、卫生条件好的房间。

其三，注意尽量不要把汉族与会者与有禁忌的少数民族与会者安排在同一个房间。

其四，可预先在会议回执上将不同规格的住宿条件标明，请与会者自己选择订。

其五，预订住宿地点的工作一定要打出提前量，预订数量上应略有富余。

五、会议的餐饮服务礼仪

一般而言，与会者对会议期间的餐饮服务非常重视，因此，会议主办方应做好会议餐饮的服务工作，努力为与会者提供健康、营养、美味的餐饮，使他们在会议期间的每一天都感到精力饱满、心情愉快。会期半天以上的正规会议，除了展览会不统一安排餐饮（特邀嘉宾或者重要客户除外），其他会议通常需要统一安排餐饮。

会议餐饮服务通常包括两个基本要素：会议用餐地点；用餐方式的安排和菜单、酒水的安排。

1. 会议餐饮的基本要求

会议主办方如果想做好会议餐饮工作，应首先掌握以下几项基本要求。

其一，食宿安排的原则是让代表吃好、住好而又不浪费。

其二，就餐大体上是一个标准，要适当照顾少数民族代表和年老体弱者，确定好伙食标准和进餐方式，照顾南、北方代表的不同口味。

其三，秘书人员应提前到现场布置并检查组织工作的落实情况，应事先将座位卡及菜单摆上。

其四，席位的通知除在请柬上注明外，还可在宴会上陈列宴会简图，标出全场席位以及出席者的位置，还可用卡片写好姓名席位，发给本人。

如有讲话，通常要事先确定讲话内容，致辞要尽量简明扼要、热情洋溢。如是涉外会议则要事先安排翻译员。

2. 会议用餐的类型和标准

根据会议的经费和人员情况决定会议餐饮的标准。一般由主办方付费的会议餐饮标准，都要根据会议经费的预算情况，量入为出，制定统一的餐费标准。由与会者自己付费的餐饮，会议一般要给予一定的补贴。

就餐方式可根据会议的规模和性质来确定，提倡实行自助餐制和分餐制。一般性的会议除了开头和结尾的宴会采取包餐形式，大多采用自助餐方式。自助餐方便卫生，俭朴节约。

(1) 早餐

早餐食物的选择范围很大，可以是正规的复杂早餐，也可以是自助早餐。**品种多样的自助早餐能让人各取所需，比较随意。**

(2) 会场休息期间的茶歇

一般供应咖啡、茶和其他饮料，可以提供食品，也可不提供。

(3) 午餐

午餐如何安排，主要看下午计划做些什么。一般来说，午餐不宜大吃大喝，以免影响下午的会议安排。

(4) 正式晚餐

晚餐食物的选择既要考虑到营养和健康，又要考虑到出席者的口味和特色。而且正式的晚餐都有对着装的要求，一般穿礼服出席。

(5) 招待会

可以将它作为正式餐宴的引子，也可以仅举行招待会。招待会的目的决定招待会的食品选择。为将以上工作做好，应努力为与会者选择健康的、美味的、人们爱吃的配餐，以便会议的每一天与会者们都感到精力饱满、舒心愉快。

3. 会议用餐地点的选择

为了便于管理，会议用餐地点应尽量离会场近一些。很多会议主办方会选择既能提供各种会议室，也能为大中型会议提供会议餐饮的酒店或会议中心。会议工作人员应仔细考察用餐地点的具体情况，主要包括以下几方面。

(1) 用餐场所的大小

一般来讲，所选的用餐场所最好能容纳所有与会者，如果用餐场所因为空间不够而将与会者分开在不同的房间用餐，会影响会议的融洽气氛。

（2）用餐场所的环境

雅致舒适的用餐环境能使与会者身心放松，有利于其精力的恢复。**同时，用餐场所桌椅的布置井然有序、整洁美观，也能体现餐饮部门良好的管理与服务。**

（3）厨房

厨房的消毒设施是否齐全、环境是否整洁、人员工作是否井然有序等也是重点考察的范围。

（4）路径

从厨房到用餐场所的路径是否顺畅关系到与会者的用餐，如果上菜的路径需要经过各个餐桌，对与会者的用餐难免构成干扰，同时也容易发生意外情况。

4. 用餐时间、方式的安排

会议期间，正式的进餐时间为早上、中午和晚上。会议工作人员应根据与会者对三餐的不同要求，安排适宜的用餐方式。

（1）主要的会议用餐方式

①围餐式。即与会者以餐桌为中心围坐就餐，由服务员按预订的菜谱上菜。餐桌的形状可以多样，如圆桌、方桌、长方桌等。如果与会者人数较多，常需要事先安排桌位和座次。安排时，除了为贵宾专门设置桌席外，还应尽量将身份大体相同或同一专业的与会者安排在一起。

②自助式。即服务人员事先将各种菜肴、主食、酒水、饮料集中放在餐厅的一边或两边，由与会者自己选取，自己寻找空位坐着进餐。**也有的自助式餐饮不提供座位，由与会者端着餐盘站立进餐，便于与其他与会者交流。**

③半自助式。这种用餐方式介于围餐式和自助式之间，一般设座位，由服务员按菜单提供部分菜肴，而大部分食物则放在餐厅一边的餐桌上，让与会者自由取食。

④分餐式。即由服务员事先将食物、菜肴分装在每个人的盘巾，上菜

时直接端给各位坐好的与会者。西餐一般采取分餐式。

⑤餐券购餐式。即会议接待人员事先将固定金额的餐券发给与会者，与会者到指定的餐厅中凭餐券购买。这种方式适用于追求经济实惠，且就餐人数多、就餐时间不统一的会议。

（2）会议用餐方式的选择

会议用餐方式需要会议主办方根据早、中、晚餐的不同加以安排。

①早餐：会议早餐一般是自助式。品种多样的小吃和主食，营养丰富的饮料、粥类、水果，由与会者"各食所需"，既自由轻松，又方便快捷。

②午餐：一般来说，午餐应能让与会者精神饱满地回到会场，精力充沛地继续下午的议程，所以，午餐安排为简单的工作餐式或自助式、半自助式比较适宜。

③晚餐：晚餐通常比较正式，可选择围餐式，数人围成一桌共进晚餐。

5. 会议菜单的确定和酒水的安排

（1）确定每餐的菜单

谁也不会愿意几天重复同样的菜肴，因此，会议主办方在确定菜单时，除了预算的因素外，还应考虑以下几方面的内容。

①菜肴的道数与分量。围餐式用餐要重点考虑菜肴的道数和分量。确定道数与分量要注意三点：一是坚持适中原则，适当的菜肴数量会使与会者感到回味无穷；二是根据用餐人数确定；三是平衡道数与分量，菜肴道数少则每道菜的分量要多一些，菜肴道数多则每道菜的分量可适当少一些。

②花色品种多样化。准备的菜肴品种应多样化，要考虑荤素、咸甜、凉热、干稀等方面。在品种的搭配上，要注意中午的主菜不能太油腻，应尽量提供一些清淡的开胃菜、沙拉等。

③具有地方特色。提供具有地方特色的菜肴不仅能说明会议主办方的热情，也能给与会者留下美好的印象。因此，**会议主办方在确定菜单时，应安排一些具有地方特色的饮食，同时向客人说明地方特色菜的来源。**

④具有时令特征。菜肴的选择应配合季节特征,采用当季材料做成的时令菜肴既能反映时令特色、给人新鲜的感觉,又能降低成本。同时,还应结合季节特征设计菜肴的口味,以迎合季节变化对人的视觉及味觉的影响。

⑤照顾与会者的特殊用餐要求。与会者来自五湖四海,国际性会议的与会者则来自世界各地,这就要求会议主办方在确定菜单前,一定要了解与会者的特殊要求,对与会者的特殊要求进行登记并尽量满足。

(2) 安排会议餐饮的酒水

①自带酒水。会议用餐地点提供的酒水价格一般偏高,会议主办方如果希望降低成本的话,应与用餐地点的餐饮部门商谈,要求自带酒水。

②定量的普通酒水。不同的与会者对酒水的消费差别很大,如果餐饮费是从与会者的会务费里列支的,会议主办方在酒水的安排上就要考虑公平。为了公平起见,会议主办方可以从会务费里列出定量的普通酒水费用,酒水消费超过定额由与会者自己支付。

③适时适度安排酒水。会议餐饮统一安排酒水时应注意时间与场合,一般早餐和午餐不提供酒类,只提供饮料;晚餐可为与会者适当提供各种酒类。**酒类的安排以有利于身体健康的啤酒、葡萄酒、中低度白酒为主。**

6. 会议餐饮的其他注意事项

一是提前一两天向会议供餐机构告知用餐人数。会议供餐机构需要提前有针对性地准备食物,配备服务人员,避免出现备餐不足或过多等情况。因此,在签订会议供餐协议时,要求会议主办方至少提前一两天告知每次就餐的人数,并予以签单担保。

二是辨认进餐者身份。**在与会者众多,且与会者在用餐问题上变数较多、差别较大的情况下,会议主办方可以通过发放餐券或餐卡的方式来辨认进餐者的身份。**

三是注意与会议供餐机构随时沟通和协调。如果会议上午的议程没按计划进行,那么午餐将与预订的时间脱节(提前或推迟),这就要求会议主办方及时告知会议供餐机构的服务经理,以便其吩咐厨房按新的时间安排供餐。

四是做好引导工作。如果集中用餐的与会者较多，为了避免混乱，会议工作人员除了提前安排桌次和座次外，还需要做好引导，从而使与会者迅速、有序地找到自己的座位，并且不妨碍餐厅服务员的传菜、安排酒水等工作。

五是对于那些因会议的原因不能按时用餐的与会者，会议主办方应给予特别的餐饮照顾。

第六章
会议后期的文秘服务与会议总结

一次达到预期目的成功会议,不仅体现在充分的前期准备与顺利的会议进行过程中,还反映在会议后期的一系列具体工作中。其中,会议后期的文秘服务与会议总结,是保证会议由始至终完美收局的不可忽略的环节。抓好这一环节的工作,既需要以严格按规定程度收集整理好相关资料,在坚持节俭办会的原则下,为参会者提供八项规定已禁止周到的服务;又要全面、客观地做好会议评估与总结,以此保证整个会议的圆满结束。

一、会议后期的文秘服务礼仪

会议服务是包括会前准备、会中进行和会后结束在内的一个动态完整的过程。特别是会议后期,更加凸显文秘服务工作的忙碌和重要。做好这一环节的文秘服务工作,须依照礼仪规范有条不紊地进行,以保证整个会议的圆满结束。

1. 收集整理会议文件资料

会议文件多属草稿性质或参考性质,并带有保密性,所以会议文件在会后多数应收回。有关会议的文件及原材料、照片、录音磁带等,都是宝贵的资料。会议结束后,秘书应立即收集整理,分类归档,保存起来。会议档案整理一要及时,二要完整。秘书需要对收回的文件进行登记,并及时向领导做汇报。对重要会议的资料、具有考查价值的文件在处理完毕后,依据其相互的内在联系,迅速进行分类、立卷,建立专门的档案,既方便查找,又可以为下一次会议提供参考。文件资料归档后应由有关人员保管,不要保留在个人手中。

(1) 收集会议文件资料的要求

一是确定会议文件资料的收集范围。**会前分发的保密文件要按会议文件资料的清退目标和发文登记簿逐人、逐件、逐项检查核对,以杜绝保密文件清退的死角。**

二是收集会议文件资料要及时,确保文件资料在与会人员离会之前全部收集齐全。

三是选择收集文件资料的渠道,运用收集文件资料的不同方式方法。

四是与分发文件资料一样,收集会议文件也要改选严格的登记手续。认真检查文件资料是否有缺件、缺面、缺损的情况。及时采取措施补救毁损的文件资料。

五是收集整理过程中要注意保密。

(2) 需收集的文件资料

一是会前准备并分发的文件。包括指导性文件、审议表决性文件、宣传交流文件、会务整理性文件。

二是会议期间产生的文件。包括决定、决议、议案、提案、会议记录、会议简报等。

三是会后产生的文件。包括会议纪要、传达提纲、会议新闻报道等。

(3) 收集会议文件的渠道

一是向全体与会人员收集文件。

二是向会议的领导人、召集人和发言人收集文件。

三是向会议的有关工作人员收集文件。如会议的记录人员、文书的起草人员等。

收集后的会议文件基本上是按重要程度和时间进行排列的，如开幕词、领导讲话、报告、决议、大会文件、大会发言、书面发言、参考资料、大会的来往文书、通知、纪要等，有关选举方面的文件要单独排列在后边。

2. 会议资料整理的方法和技巧

(1) 文字记录的整理方法与技巧

具有丰富经验的会议记录人员，可以做出漂亮的会议记录，有时甚至无须做多少整理，就可以送审、存档。但有些需要作为文件下发、作为新闻报道用的领导人和其他与会者的报告、讲话，仍需要进行整理。整理会议记录，应注意两个方面：

一是熟悉有关方针政策，提高思想理论水平，增强分析和理解能力。

二是善于对讲话中的不足之处进行补正。口头表达有随意性，做记录整理，或将讲话整理成文章，有的甚至作为指导性或指定性文件下发时，就要求整理人能鉴别出过、不及和疏忽之处，加以补正，这也是体现一种能动性。

三是加强写作训练，提高写作水平。**要把口头语言转换成书面语言，**

做到既保留讲话人的风格，又要观点鲜明、条理清晰、文从字顺。

(2) 会议录音的整理方法与技巧

整理录音的工作，就是根据所录语言的中心思想，删除不必要的语言，补充和修改不足、不恰当以及没有录进去的内容，使整理稿成为中心明确、条理清楚、文字通顺、内容连贯的书面材料。录音整理是针对讲话、发言没有文稿或讲话、发言与文稿差距较大的情况而开展的。对于照本宣科所做的录音，就没有整理的必要，只要把录音磁带存档即可。

整理录音既要借鉴整理文字记录的方法和技巧，也要结合录音的特点，掌握一些方法和技巧。

①删除。在整理过程中，要删除不必要的、重复的语言。还要根据讲话稿的用途删除不宜公开的材料，对明显的错误要删除或代为改正，删除过多的举例，只留下最能说明问题的一个。

②增加。在整理过程中，应该增加一些作为书面文章必不可少的内容，如补充语句、标点、标题等。

③修改。这里所说的个性主要是指语法、写作上的修改。如果讲话人表达不规范、不严谨、不确切、引文不准、层次混乱、衔接不好，就要对录音进行修改。**在整理录音时，要特别注意辨别讲话人的声音，不可张冠李戴。**

④送审。录音整理好后，要送讲话人、发言人审阅。讲座性的发言除了给发言人审阅外，还要送会议领导、主持人审阅。这样一方面，讲话人、发言人、会议领导、主持人可以对自己的讲话做些修改；另一方面，也可避免因整理者水平所限而造成的整理错误。送审既是对讲话的尊重，更是一种工作程序，必须按工作程序办。

⑤在技术上，整理会议录音要注意几个问题：一是在整理时，注意不要按错键。如果按下录音键，那就无法补救了。为了避免按错键而把录上的内容抹去，保险的办法是在整理录音前先复制一份，这样就万无一失了。二是为避免过多地按键，在整理录音时。可使用录音机的暂停功能，放一句录音，记一句，如果说用的是变速录音机，可慢速放音，这样，整理者能够记得过来。三是重要的会议录音不要在家中整理，以免泄密。

3. 规范会议文件的立卷归档

会议文件资料的立卷归档是指会议结束后依据会议的内在联系加以整理，分门别类地组成一个或一套案卷，归入档案。这是将现行会议文件转化为档案的步骤，是档案工作的基础。

对会议文件进行立卷归档是为了避免不同部门之间会议文件资料发生不必要的遗漏或重复。

（1）会议文件立卷归档的意义

在会议文件完成了现行使命，即它们被阅办讨论之后，由于它们记载了公司的工作活动，在此后的工作实践中可能需要经常找出来作对照、做参考，因而具有查考作用。同时，为了便于管理和查找档案，也要求会议文件先立卷而后进入档案保管。搞好会议文件的立卷归档工作，对于科学保管和方便利用档案具有重要意义，主要有以下四点。

一是有利于保持会议文件之间的历史联系，便于查找利用。日常会议过程中讨论和形成的文件种类、数量繁多，每份文件都有特定的使命和作用。在同一个会议中，必然要涉及和形成许多文件，它们之间有着密切的联系，不仅需要把具有查考价值的全部会议文件完整地保存下来，而且还要依照它们之间的历史联系，科学地加以整理、鉴定、区分，组成案卷。这样才能够很好地反映会议活动的历史面貌，并便于查考和利用。

二是有利于保持历史的真实面貌，反映工作的客观进程。会议文件是公司活动的第一手珍贵的历史记录，是会议活动的真实记载，通过立卷归档完整地将会议文件收集保存下来，可以真实地体现公司的工作进程和历史面貌。

三是有利于保护会议文件的完整与安全，便于保存和保管。会议内容广泛，数量很多，如不加以系统整理，不仅不便于使用，而且容易磨损散失，特别是零散的会议文件要按一定的规格要求立卷、装订成册，可以避免文件破损、散失、丢失和泄密，有利于保密和管理。

四是有利于保证会议秘书工作的联系性，为档案工作奠定基础。文件是档案的来源，会议秘书部门将讨论完毕的文件立卷，算是完成了文件处理工作。案卷移交给档案部门以后，会议文件便从运转过程进入了档案管理阶段。所以，**立卷是档案的部门工作对象，立卷工作是档案的工作的基础，立卷的质量直接影响档案的质量。**

(2) 会议文件立卷归档的范围

公司日常处理的会议文件很多。在众多会议文件中，多数需要留作查考，但其中也有少数没有查考价值，这就需要明确规定会议文件立卷归档范围，以确保有保存价值的会议文件资料能完整地立卷保存，做到既不遗漏，又不重复庞杂。**同时还应明确立卷归档分工，避免遗漏和不必要的重复。**根据国家档案局有关规定，会议文件立卷归档范围是如下几类：

与会人员大会、与会人员会议、各种例行会议、工作会议和其他各种会议所形成的全部会议正式文件资料，如决定、决议、指示、计划、报告、开幕词、闭幕词等及其复印稿；上述会议的参考文件资料；上述会议的出席、列席、分组名单；上述会议的议程、日程和程序；上述会议的书面通知、来往重要电报、电话记录等；上述会议的会议记录、发言稿、简报、快报、纪要及其复印稿；领导在上述会议上的报告、讲话、谈话及其复印稿；上述会议的选举材料；上述会议有关的图表、照片、录音带、录像带等；上述会议的证件；上述会议的记录表，上述会议的总结情况；会议总结；与会人员名单、联系方式；其他有关资料。此外，**对于外出开会带回来的重要的、有价值的文件资料，也应立卷归档。**

根据《国家档案局关于几项不归档的文书材料的销毁暂行规定》，下列会议文件资料不需立卷归档：一是重份文件。对于一式多份的会议文件资料，只需保留一两份，其他多余份数不必保存。二是事务性、临时性、没有查考价值的文件资料，如召开一般业务性会议的临时通知等。三是未成文的草稿和一般性文件的历次修改稿，文件资料起草人在构思撰写过程中起草的未成文、未经审批的提纲、素材、底稿等，不需立卷归档。但重要会议讨论的关于法律、法令、指示等立法性文件资料，领导指导性文件和其他政策方针、长远计划等方面的文件的定稿和历次修正稿均须保存。四是内容被其他文件包括的文件资料。对于上述无须立卷归档的文件资料，可以进行简单的整理、登记，按照文件销毁手续销毁。

(3) 会议文件立卷的基本原则和方法

①会议文件立卷的基本原则。一是会议立卷工作的基本原则是"一会一案"。即以会议为单位立卷，按照会议文件资料的自然形成规律，保持文件之间的历史联系，反映工作活动的特点和真实面貌，便于保管和利用。二是按照会议文书立卷归档的要求，每份文件均应保存三份。即一份原稿、两份复印稿。重要文件的初稿和历次修改稿的原稿和印稿也各保存一份。

②会议立卷的方法。一是编制案卷目录。在正常情况下，会议立卷工作应依据事先编制好的案卷类目制好案卷类目来进行。案卷类目是每年初在实际文件尚未产生之前，根据公司性质、职权范围、内部组织结构情况、当年会议工作计划、任务和一年中可能产生的会议文件情况，参照往年的案卷类目，按照立卷要求拟制出的案卷分类名册。这是一种比较详细具体的立卷规划。编制案卷类目可以由会议秘书部门的有关工作人员提出方案，经主管领导批准即可。二是灵活运用文件的特征立卷。每份一会议文件都有其一定的特征。一般来说，一份文件主要由作者、名称、内容、收文机关和形成文件的时间等几个基本部分组成，可以概括为六个特征：部门特征、时间特征、名称特征、作者特征、地区特征、通讯者特征。会议立卷就是按会议文件资料的共同特征或以一个特征为主结合其他特征组成案卷。通常来说，一卷之内结合使用两个以上特征立卷，是比较科学的方法。**在按照文书立卷的原则和方法将会议文件资料立成案卷以后，应该按照归档制度的具体要求，办理好向档案部门的移交工作。**这样，整个会议文件资料的立卷归档工作即告结束。对于整理完结不再有使用价值的纸张或清退后需要销毁的会议文件、简报等，应先登记造册，然后按规定进行销毁。严禁将会议文件、简报等当废纸出售。

4. 严格会议文件立卷工作程序

会议文件立卷工作基本程序可简单归纳为：将收集的文件资料进行登记，向上级总结、汇报情况，甄别整理，分类归卷，卷内文件的排列，卷内文件的编号、编目，填写卷内文件的备考表，案卷标题的拟制，填案卷封面，移交给档案室，清理、销毁不再利用的纸张。

按照会议规模不同可细分如下。

（1）大中型会议文件立卷的工作程序

①及时、完整地收集起来。注意收集领导阅办完的会议文件资料。注意收集会议的非正式文件，如来往电报、电话记录、证件等。

②甄别整理。检查收集的文件资料是否齐全完整，如有未收集的应尽快收集起来。剔出不需立卷归档的会议文件资料。

③分类归卷。即对会议所有文件、资料进行大体分类，区分为主要文件资料、一般文件资料、参考文件资料、大会发言、书面发言、领导讲话、会议简报、会议快报、有关文书资料等，然后按问题和时间特征立卷。一般来说，会议主要文件资料（报告、决议、结论及主要负责人的重要的讲话等）单独立卷；一般文件资料及参考文件资料分别按问题特征立卷；大会发言按发言日期立卷；书面发言按地区或单位立卷；通知、来往文书按时间立卷。

④组卷。组卷时最好将永久、长期、短期三个保管期限的文件分别组卷。同一类问题的文件、资料集中组卷，按照文件张数多少，多的可分几个属类汇成一卷。卷内文件资料按重要程序和时间进行排列，同一文件资料的不同修改稿按时间先后顺序排列，定稿放在前面。**同时，为使案卷不受污损，要拆除文件、资料上的金属钉和障碍物，注意文件资料面码顺序的排列。**

⑤卷内文件编目。定卷以后在会议文件资料上加盖编目章（包括卷号、顺序号），以卷为单位编排标注页号，第一页在右上角，第二页在左上角，把每份文件在卷内的位置固定下来。然后按顺序填写卷内目录，没有标题的文件要代拟标题。

⑥填写卷内文件资料备考表。即对每次会议卷内文件资料情况作必要的说明，说清楚文件资料的来龙去脉、形成过程、文件资料重要程序和卷内文件变动情况等，字迹要清楚，卷面要整洁，立卷者及检查者还要签注姓名和立卷时间。

⑦撰写案卷标题。每个案卷要拟定标题，一般应反映出会议名称、作者和主要内容。它是查找利用文件的基本线索，因此所拟标题要确切，语

言要通顺精练。标题通常由作者、问题、名称三部分组成。

⑧填案卷封面。案卷封面要用毛笔或钢笔正楷书写，字迹要清楚、整洁，卷皮所列项目应齐全，卷皮起止日期均以卷内文件资料的最早和最晚日期为准。

⑨案卷排列。大中型会议文件资料的分卷，也按保管期限、重要程序和时间排列。

⑩编写案卷目录。**案卷目录是登记案卷和提供利用档案的基本工具，是立卷部门向档案部门移交案卷的手续和凭证，也是档案部门检查、统计案卷的依据**。要按判案排列顺序逐卷逐项填写案卷目录，打印一式三份，两份随案卷移交档案部门，一份留存备查。

上述工作完成后，即可按归档要求移交档案部门。在正常情况下，应在第一二年上半年将上一年的案卷向档案部门移交归档。归档时交接双方应按照案卷口录清点核对无误后，履行签字手续。

(2) **日常工作会议文件资料立卷的工作程序**

日常工作会议文件资料立卷也要从收集资料做起，搞好好甄别整理。然后是组卷、拟定案卷标题。其他如卷内文件资料编目、备考表的填写、卷皮的填写、编写案卷目录等，与大中型会议基本相同。上述工作完成后，即可按归档要求移交档案部门归档。

5. 编发会议纪要的规范要求

会议结束后，要将会议的情况及议定事项记载下来，并要传达给与会单位的有关人员，使他们对某个会议有共同的认识与行动方向，以便于贯彻执行，这就需要编发会议纪要。

会议纪要是《国家行政机关公文处理办法》公布的法定文种之一，适用于记载、传达会议情况和议定事项。会议纪要是在会议记录、会议有关文件和其他会议资料的基础上，综合概括写成的关于会议情况、会议议定事项的文字材料。

会议纪要的作用是对上可以汇报工作，对下可以指导工作，对平级可以互通信息。有些会议纪要需要经会议讨论通过并签署，如协调性会议纪要，但大部分会议纪要是在会议结束后为了传达会议精神而拟写。**有的需要下发执行的会议纪要，可以以"通知"形式发出。**

会议纪要是在会议记录的基础上对会议内容的总结概括，不能将会议记录原封不动地作为会议纪要内容，要有重点、有详略地加以概括。写作会议纪要首先要弄清楚会议的目的、任务、内容和形式，掌握会议的所有文件材料，参加会议的全过程，并认真做好会议记录，特别是会议的主体文件和材料、领导同志的发言，这是写好会议纪要的重要保证。**与会议记录一样，对于会议讨论的情况或议定的事项，会议纪要要如实反映，不能添枝加叶、无中生有，也不能回避问题。**要正确使用"纪要用语"，应使用第三人称，不宜写成"我们……"常见的"纪要用语"有：会议听取了（收到了、取得了、讨论了）；会议认为（决定、指出、号召）；与会同志建议（认为、表示、倡导）等。

会议纪要有别于会议记录。二者的主要区别是：性质不同，会议记录是讨论发言的实录，属事务文书；会议纪要只记要点，是法定行政公文。功能不同，会议记录一般不公开，无须传达或传阅，只作资料存档；会议纪要通常要在一定范围内传达或传阅，要求贯彻执行。

（1）会议纪要的种类

①办公会议纪要。记载和传达领导的办公会议决定和决议事项。如其中涉及有关部门的工作，可将会议纪要发给他们，并要求其执行。

②工作会议纪要。用以传达重要工作会议的主要精神和议定事项，有较强的政策性和指示性。

③协调会议纪要。用于记载协调性会议所取得的共识以及议定事项，对与会各方有一定的约束力。

④研讨会议纪要。记载研究讨论性或总结交流性会议的情况。这类会议纪要的写作要求全面客观，除反映主流意见外，如有不同意见，也应整理进去。

（2）会议纪要的特点

①纪实性。会议纪要如实地反映会议内容，它不能离开会议实际搞再创作，不能搞人为的拔高、深化和填平补齐，否则就会失去其内容的客观

真实性，违反纪实的要求。

②概括性。会议纪要是依据会议情况综合而成的。撰写会议纪要应围绕会议主旨及主要成果来整理、提炼和概括。重点应放在介绍会议成果，而不应叙述会议的过程，切忌记流水账。

③特殊性。会议纪要一般采用第三人称写法。由于会议纪要反映的是与会人员的集体意志和意向，常以"会议"作为表述主体，"会议认为""会议指出""会议决定""会议要求"、"会议号召"等就是称谓特殊性的表现。

④指导性。会议纪要一经下发，便要求与会单位和有关人员遵守、执行，以此为依据展开工作，落实会议的议定事项。

(3) 会议纪要的工作程序

会议纪要工作程序：**完善会议记录，起草、编写会议纪要，确定印发范围，接收者确认，领导签字，打印成文，印制，分发或归档保存。**

秘书要完善会议记录，对于不清楚、不明白、空缺的内容，要在会后立即请教发言人进行完善。为完整、准确地传达、执行会议决定，使会议决定的事项得以具体落实，需要在会议记录的基础上加工整理成会议纪要。

6. 拟写会议纪要的格式写法

(1) 会议纪要的拟写要求

经过领导签发的会议纪要是会议的正式文件。**这种文件应当简短扼要、观点鲜明、确切说明事项，不必发表议论和交代情况**。具体要做到以下三点。

一是会议纪要内容要实事求是，忠于会议实际。

二是会议纪要内容要集中概括，去芜取菁，提炼归纳。

三是会议纪要要有条理，眉目清楚，使人一目了然。

(2) 会议纪要的格式

会议纪要通常由首部、正文、尾部三部分构成。

①首部。这部分的主要项目是标题，有的会议纪要的首部还有成文时间等项目内容。

标题有两种情况，一是会议名称加文种，如《全国农村工作会议纪要》。二是召开会议的机关加内容加文种，如《省经贸委关于企业扭亏会议纪要》。

成文时间即会议通过的时间或领导人签发的时间。一般在标题下居中位置用括号注明年、月、日，也可把成文时间写在尾部的署名下面。

②正文。公议纪要正文的结构由前言、主体和尾部三部分组成。

前言部分，首先概括交代会议的名称、时间、地点、主持人、主要议程、参加人员、会议形式以及会议主要的成果，然后用"现将这次会议研究的几个问题纪要如下"或"现将会议主要精神纪要如下"等语句转入下文。这项内容主要用以简述会议基本情况，所以文字必须十分简练。

主体部分，是会议纪要的核心内容，主要记载会议情况和会议结果。**写作时要注意紧紧围绕中心议题，把会议的基本精神，特别是会议形成的决定、决议准确地表达清楚。**对于会议上有争议的问题和不同意见，必须如实予以反映。

另外，在具体写法上，不同类型的会议纪要，写法也有不同。决议型纪要，主要根据中心议题，着重把会议形成的决定、决议的具体内容——表述清楚。

综合性纪要，主体内容则侧重于突出会议的指导思想，全面介绍会议的基本情况。

结尾部分，属于选择性项目。一般是向受文单位提出希望和要求。有的则没有这部分，主体内容写完，全文即告结束。

③尾部。包括署名、成文时间、主送单位、抄送单位等内容。

署名只用于办公会议纪要，写明召开会议的机关单位名称。一般会议纪要则不需要署名，不加盖公章。至于成文时间，如果在首部已注明，就不再写。

主送单位是指要发文过去的单位名称（包括部门名称，向下级单位或本单位平行部门发文往往一式多份发往各个下级单位、各部门，应该分别归类写单位或部门的类称），就算只发一份请示给上级某某领导批示的，主送也要写那个领导的单位，特殊情况下可以写"某某领导的姓（或姓名）+职务"，这种情形实际上也算单位。

抄送单位是指除主送机关外需要执行或知晓公文的其他单位或机关。如果会议纪要仅供内部传阅或存档，主送、抄送单位则省去。

(3) 会议纪要的三种写法

根据会议性质、规模、议题等不同，大致可以有以下三种写法。

一是集中概述法。这种写法是把会议的基本情况、讨论研究的主要问题、与会人员的认识、议定的有关事项（包括解决问题的措施、办法和要求等），用概括叙述的方法，进行整体的阐述和说明。这种写法多用于召开小型会议，而且讨论的问题比较集中单一，意见比较统一，容易贯彻操作，写的篇幅相对短小。如果会议的议题较多，可分条例述。

二是分项叙述法。召开大中型会议或议题较多的会议，一般要采取分项叙述的办法，即把会议的主要内容分成几个大的问题，然后另上标号或小标题，分项来写。这种写法侧重于横向分析阐述，内容相对全面，问题也说得比较细，常常包括对目的、意义、现状的分析，以及目标、任务、政策措施等的阐述。这种纪要一般用于需要基层全面领会、深入贯彻的会议。

三是发言提要法。这种写法是把会上具有典型性、代表性的发言加以整理，提炼出内容要点和精神实质，然后按照发言顺序或不同内容，分别加以阐述说明。这种写法能比较如实地反映与会人员的意见。某些根据上级机关布置、需要了解与会人员不同意见的会议纪要，可采用这种写法。

(4) 会议纪要的写作注意事项

一要忠于会议精神。会议纪要必须忠实于会议的实际内容，尤其是会议的议决事项，不能随主观意图增减或更改会议的内容。对于没有取得一致意见的材料，一般不写入纪要。

二要突出会议要点与重点。会议纪要是在对会议中各种材料、与会人员的发言以及会议简报等进行综合分析和概括提炼基础上形成的，撰写会议纪要应围绕会议主旨及主要成果来整理、提炼和概括。重点应放在介绍会议成果，而不是叙述会议的过程，切忌记流水账。**会议纪要还应重点反**

映会议所讨论的问题及形成的统一意见,即会议明确和解决的问题。例会和办公会议、常务会议的纪要,重点将会议所研究的问题和决定事项逐条归纳,做到条理清楚,简明扼要。

三要使用第三人称。会议纪要一般采用第三人称写法。由于会议纪要反映的是与会人员的集体意志和意向,常以"会议"作为表述主体,因此,"会议认为""会议指出""会议决定""会议要求""会议号召"等就是称谓特殊性的表现。

四要写作要及时。会议纪要如果不及时制作,拖延时间过长,会给人"时过境迁"之感,影响公文的效果。

7. 印发会议纪要的规定要求

会议结束后,会议的精神需要通过会议纪要这一文体向下级单位传达,因此印发会议纪要也是会后的重要工作。为完成这一工作,秘书应认真掌握会议情况,透彻领会会议精神和决定,遵守会议纪要的格式规范,及时编制并发放会议纪要文本。

(1) 印发给有关部门有关人员或归档保存

印发会议纪要只限于日常工作会议,对于大型会议和专业会议,因为都有正式文件和决议,便不再印发会议纪要和决办事项通知之类的文件。

需要上报或下发的会议决议等,要抓紧印制并分发传递。会议纪要写好核定后,就要发给有关方面执行。**如果会议决定的事项涉及有关部门,可以将会议纪要发给他们,也可以由秘书部门从会议纪要上摘录出有关内容后通知他们。**

(2) 会议纪要应按印发范围和查看等级分发

会议纪要未发出之前,会议还不能算结束。所以,秘书在拟定会议纪要后,应及时做好会议纪要的印发工作。

①会议纪要的印发流程。会议纪要的印发工作从对会议精神的领会开始,须经过查阅会议记录、起草编写等多个环节。秘书要完善会议记录,对于不清楚、不明确的内容,要在会后立即请发言人进行完善。为完整、准确地传达、执行会议决定,使会议决定的事项得以具体落实,需要在会

议记录的基础上加工整理成会议纪要。

②确定印发范围。会议纪要印发范围应根据会议性质和纪要的内容确定。绝密级会议纪要只印发与会领导；一般会议纪要可印发与会人员，并视情况加发会议内容、决定涉及的部门；有些保密性强，不需部门知道纪要全部内容，只需他们知道有关会议决定事项的，印发会议决定办理事项通知，即决办通知。**会议纪要、决办通知都要标明密级，进行编号**。

③确认接收者。秘书应根据会议纪要的印发范围，发送到相应接收者手中，并落实接收者签字确认。

④签发会议执行。秘书在确认接收者后，将接收者签字确认的会议纪要加以校对，经由领导签字后统一印刷、盖章后发给会议决策执行人。如果会上取得一致的决策没有进一步的实施，印发会议纪要就显得毫无意义。

二、善始善终，完美闭会
—— 做好会议评估与总结

一次成功的会议，应是有始有终、善始善终的活动过程。会议的顺利召开、闭幕，只是完成了这一过程的主要工作。还有一个不可省略、不可忽视的重要环节，便是会议的评估与总结这些后继工作。会议结束后总有些后继工作要展开，也可能成为下一次会议的首先准备，也可能成为落实会议精神的重要前提。只有把会议的后继工作做好，一个会议的组织工作才可以称得上是完美和圆满的。

会后评估和总结工作应当做到及时、全面、客观、公正。可以采取个人总结、小组评议、领导评价和与会者评价相结合的方法，并在此基础上，尽可能召集有关人员开个总结会，交流经验、表彰先进。只有在会议结束后及时总结会议的得失利弊，摸索经验，才能避免下次会议出现同样的错误，只有在不断总结的基础上才会一次好过一次。

1. 会议后继工作：不可缺少的一环

会议结束后总要有一些后继工作，有效的后继工作可以对与会者产生激励，因为虽然正式的会议在特定的时间已经结束了，但仍旧可以鼓励与会者在此后参与一些与该会议有关的活动。后继工作也对以后的会议将产生一定的作用。

进行后继工作是会议取得成果的保存和延续，会议组织者切勿因小失大。一般会议结束，需要做的后继工作如下。

(1) 会议现场工作的清理与结束

①挪走通知和指导性标志。在会议召开完毕后，应立刻通知工作人员挪走先前设立的一些指导性标志，及时清理现场，以防给下面的会议造成不便。会后的收尾工作大致包括：取走所有剩余的与会议有关的文件，并将所有文件资料放回原处；清理会议室，收拾好临时放置在会议室的茶杯、桌、椅和其他用品；迅速归还视听设备，办理好归还手续，并向公司负责人申报全部用品的损耗情况。

②及时通知配电人员和服务人员。在会议结束后，即在上交或归还各种设备、设施之后要把电源关掉，以免发生失火、漏电事故造成人员和财产的损失。而配电人员正是直接对此事负责的人员，所以秘书要及时通知配电人员关闭不用的电源以确保会场安全。会议结束后也要及时通知各种服务人员各守其职，做好各自的事后工作。如餐饮人员要把餐具及用具收拾好备用；保卫人员要站好最后一班岗，保证与会人员安全离去。这就需要协调好各部门的关系，上下通力合作完成最后的工作，使会议取得圆满的成功。

③清除和销毁多余的纸张。有些文档经过会议承办后已经失去保存价值，可采取销毁的方法。过去大多用撕毁或焚烧手段。焚烧较为彻底，但可能造成污染，甚至有引发火灾事故的可能，同时也是对资源的浪费。撕毁则由于主客观原因不易彻底，可能造成泄密。所以现在有条件的单位均采用专门的碎纸机，这种方法既彻底又安全，也不会污染环境，将文书切成碎屑还可回收再利用。

(2) 向与会者发送一些补充材料

会后向与会者发送的评估问卷的回收率是不同的。为了鼓励与会者提供反馈信息，有些会议在问卷中还附带了一些会议发言的讲稿、全套会议发放的材料或讨论组的报告。**有些会议会把这些材料发表或出售，但是通常会免费为与会者邮寄一份。**

(3) 收集和记录人们对未来会议好的建议

在进行会议策划的时候，承办者和策划小组常常有一些好主意，但是由于不适合当前的会议而被否决了。应该建立一个系统来记录这些想法，以便人们以后参考。

在会议进行过程中，作用显著的想法应该引起人们的格外重视，并记录下来作为以后会议的参考。从与会者和其他人提供的评估信息中也可能有一些很好的想法——这些想法也应该记录下来为以后的会议提供参考。

(4) 为下一次会议筹划准备

假设主办者要举行另一个会议，那么下一次会议的承办者和策划小组——即使人选可能与本届不同——不应该再次从零做起。许多与会者可能都对会议的历史十分了解，而且对会议也有一些具体的预期，这些都是承办者和策划小组应该注意到的。**如果主办者以前也主办过会议，那么在本次会议的策划过程中，参考过去会议的资料就是第一步。**

(5) 制作备忘录作为会议历史记录

组织任何会议，都会以某种形式对会议进行一些记录，而对会议发言人的总结就是一种非常重要的会议记录。这些信息应该保密，只有得到会议主办者或承办者的许可才能接触到。制作这些总结有两个目的：第一，主办组织中的其他人在筹备以后的会议时可能会考虑邀请与本次会议相同的发言人，如果保留有一些关于这些发言人的信息——即使没有评价——将大大节省时间和精力。第二，这些信息对发言人也具有参考价值。

这些备忘总结中也可以包括会议承办者和秘书处工作人员与发言人合作的感受，但是这些评论应该在归入备忘录之前进行适当的调整，以免使所有相关的人员陷入尴尬境地。该备忘录应该包括与每个发言人进行早期协商的情况，发言人提交的建议表格、相关的合作情况、费用方面的协商结果以及会后对该发言人所出席会议的评价。

（6）及时落实散会检查表上的内容

有效的散会检查表见表7-1。

表7-1 有效的散会检查表

1、会员是否有积极性的提议？
2、是否正确记录同意事项、决定事项？
3、是否复诵一遍，让全体人员确认无疑？
4、得知意见之议题的处理，是否获得认同？
5、当天的议题中，是否有无法讨论的议题？
6、是否取得同意日后再讨论？
7、是否也尊重少数的意见？
8、是否指示承办人员保管议事录？
9、是否指示将决定的事项通报全公司？
10、是否让出席者以愉快的心情散会？
11、是否提醒下回的会议出席？
12、会场整理是否到位？
13、
14、
15、
备注：

2. 会后评估体系应科学而完整

企业召开一次会议，尤其是一些较重要的会议，组织者和上级领导若想清楚会议的效果如何，需要对会议进行评估。评估就是收集与特定目标相关的信息及类型的活动，通过评估，会议承办者可以发现会议的实施效果。总的来说，就是检查会议进行得如何，以及检验与会者从会议中得到了什么收获。

对于会议评估不能想当然，会议组织者应该了解主办会议领导是否希望和如何进行这项工作。为什么要进行会议评估呢？其主要目的是为了知道：

- 会议目标是否得到了实现；
- 会议的成本效益如何（是否超支，以及是否赢利）；
- 与会者是否感到满意；
- 在以后的会议中需要进行哪些改进。

有时候，会议主办者并不要求进行会议评估，这时承办者应该尊重主办者的决定。**而不进行会议评估的最常见原因就是这项工作需要的成本太高，主办者也不想用评估结果做什么事。**

从以往的会议组织看，大多数会议评估都强调定量的一面或数字处理。定量评估将各种数字进行运算和统计分析，从而建立各种方式（方法、中介、模型），用以进行比较或深层分析。毫无疑问，任何评估都要包括定量操作的部分，而计算机的使用更促进了人们使用定量方法。

但是，随着变化与发展，企业目前对会议评估的定性方法给予了更多的重视，检查会议效果的一些"软"数据也出现了更多收集和处理的新方法，但是目前看，如果缺少科学的手段与方法，对会议进行定性评估依旧比较困难。**相比之下，定量研究比定性研究更容易设计、操作和分析。**不过，两个方法都有其各自的优势和局限，在进行会议评估策划的时候应充分考虑到。不管是定量评估，还是定性评估，都须遵从这样几个步骤。

（1）确定评估方案的策划负责人

负责策划评估方案的人选将决定如何进行会议的评估，因为负责人的能力将直接在他的设计中反映出来。会议承办者可能亲自负责策划评估方案，也可能将这项工作外包给专业公司完成。负责人必须明确评估的项目、制定合适的数据收集工具、安排进行评估和数据收集、分析数据以及准备报告。评估方案的策划者可能参与评估的实施，也可能不参加。

（2）确定谁来进行会议评估

经常主办会议的企业常常在企业内部由专人或专门的部门来负责会议评估的工作。有些公司也可能把这项工作交给自己的人力资源部门负责。还有的会议主办者把会议评估工作外包给专业公司，不过这样做成本比较高。为了有效地完成评估工作，外部专业公司可能需要从策划阶段开始参与会议的整个过程。会议评估也需要在会议过程中做一些现场工作。

不管由谁来进行评估，一个基本的要求便是认真负责、实事求是，否则将完全失去了评估的意义。

（3）确定谁将参与评估

会议评估的结果，应当收集来自各个方面的意见，这和参与评估的有关人员有直接关系。**所以，参与会议评估者应该是能够对每项评估提供数据的相关人员。**因为每一类回答者都能从不同的角度对一个评估项目提出意见。例如，即使策划小组的成员也参加了会议，他们也不应该作为与会者被征求意见。评估过程需要根据所需信息的细节程度对不同的回答者人群运用许多不同的数据收集手段（问卷、采访等）。

同时，也不是所有的回答者都必须对所有的评估项目发表意见。例如，策划小组不必对指导小组发表意见，因为后者开始行使职能的时候，前者的工作已经结束了。还比如，与会者通常也不对组织者做出评估，除非组织者在会议过程中经常接触或者是提出专门要求。

（4）确定会议评估的内容

实践表明，如果要对会议的所有因素都进行评估将耗费大量资源，而且结果也往往得不偿失。表7-2列出了可以进行评估的一些主要内容。会议组织者和评估者应该根据具体的会议决定最后的评估内容。

表7-2　会议评估的基本内容

·策划小组	·发言人
·会议主持人	·交通
·秘书处	·住宿
·主题相关性	·餐饮
·目标明确性	·接送
·整体策划	·娱乐活动
·相关活动	·会场
·会议地点	·招待会
·与会者	·陪同人员
·议程	·会议文件

总体来说，对于会议任何部分进行评估时都要关注哪些进展顺利，哪些进行不顺，哪些应该在将来的会议中进一步改善，以及会议带来了哪些新的想法。并以此为制订评估内容的依据，制成表后向参与评估者发放会议评估表，将反馈的表格数据汇总后，既而得出会议评估结论（见表7-3）。

表7-3 会议评估表

评估项目 \ 满意度	很不满意（0分）	不满意（1分）	一般（2分）	好（3分）	很好（4分）
策划小组					
秘书处					
主题相关性					
目标明确性					
整体策划					
相关活动					
会议地点					
会场					
议程					
与会者					
会议主持人					
发言人					
预算					
交通					
住宿					
餐饮					
接送					
娱乐活动					
招待会					
陪同人员					
会议文件					
合计：					

说明：0-22分，会议举行不成功，未能达到会议目标；

　　　23-44分，会议举行效果一般，部分实现会议目标；

　　　44-66分，会议举行效果良好，基本实现会议目标；

　　　66-88分，会议成功举行，完全达到预期目标。

3. 分析会议效果，得出评估结论

（1）正确地选择评估时间

进行评估的时间将影响到反馈的情况。例如，在单场会议后，与会者还没有离开会场前立即进行的评估可能会受到"光环效应"的影响，数据反映出的更多是与会者对会议的感觉，而不是从会议中得到的收获。可能发言人在会议上讲了有趣的故事或使用了具有戏剧性的视听设备，从而使与会者受到热烈气氛的感染。也可能是会议日程安排生动有趣有新意使与会者忽略了会议内容本身的质量等。虽然评估表格可以用比较慎重的措辞来尽量减少这种影响，但是与会者的回答还是更倾向于他们当时的主观感觉。**在某场会议后一天或几天再进行评估时，与会者可能做出完全不同的回答。**这时与会者感觉将在某种程度上被对会议主题的客观看法所取代，他们的反馈可能仍是正面的，但其中的原因已经不同了。

在会议结束时当场回收评估表格也有一个重要的缺点：对会议感到不满的与会者可能在对其做出评估前就已经离开会场了。这样，他们的不满就没有被算入评估数据中，从而得到了扭曲的评估结果。会场管理者可鼓励那些提前退场的与会者填写一张卡片，但是这些与会者却只想安静地离开，以便去参加其他的活动。同样的，有些与会者在会议进行的中途才来到会场，所以他们做出的评估可能不如听到了整场会议的与会者的意见那么有价值。为了将这些与会者进行区分，需要做的工作不仅仅是提供足够的评估表格。对表格进行分析的人应该注意，这些表格并不是对该场会议精确的评估。

因此，应该根据具体的目的来安排评估的时间。如果评估的目的是看与会者是否从会议中有所收获以及他们是如果利用这些会议体验的，那么评估就要等与会者有足够的时间将从会议中得到的收获应用于实践之后，才能进行。如果评估的目的是想知道与会者是否在会议中得到了乐趣，就

应该在会议结束后立即要求他们提供反馈信息。

在会议结束几天或几周后再请与会者提供反馈意见就要求他们进行回忆，而会议结束后发生的许多事情可能使他们很难回想起某场具体的会议，也就无法对其做出评估。另外，回答者可能根据自己的主观感觉对各场会议做出评估。这些不足之处说明，可能还是在各场会议结束后立即请与会者提供反馈意见比较好，即使这样做可能使他们的意见受到"光环效应"的影响。

(2) 使用科学评估方法

最常见的评估方法就是使用问卷，长度从一页到几页不等。设计问卷需要一定的技巧，而不是简单地提几个问题。前面介绍的评估表格，就是一个典型的短问卷。问卷在使用之前必须经过测试，以保证上面的问题都清楚了，而且回答者可以很容易地作答。

在封闭型问卷中，回答者通常只能选择"是"或"否"（虽然可以加一些其他的选项，如"不知道""不清楚"等，但是一般情况下最好不要使用这类选项，除非单纯的是非选择明显地限制了有些回答者）。封闭型问卷还可以使用不同程度的选项，如从"不满意"到"很好"，为回答者提供彼此没有重叠的选项。这种选项也可以用数字表示，不过问卷指导中应该对数字的意义做出明确的规定，最好设置偶数个选项（一般是4个或6个），以防回答者选择最中间的一个选项。

开放型的问卷要求回答者写出答案。这需要时间，有些回答者可能不愿意投入这么多的时间，或者在表达上有困难。对此应采取参与者自填答案和调查者问后填写两种方式结合在一起使用。

评估还可以使用采访的手段，既可以是在决定时间提出正式的问题，也可以是开放型的采访，使用比较宽泛的问题。这种方法需要经验丰富的采访者，而且需要大量的时间，不过可以得到一些与问卷不同的数据。有些与会者比较喜欢采访的方式，这样他们可以更充分地表达自己。没有必要采访所有的与会者，而且使用一些技巧就可以保证得到足够的样本。

采访不一定是一对一的方式，甚至不一定有采访者。例如，可以邀请接受采访的与会者集合到一个房间里，在那里他们可以找到一份问题的列表，然后对着录音机说出他们的回答。也可以用录像机来完成这种采访，不过需要有一位机械师来操作设备。

收集数据的方式必须与数据处理或分析的方式相适应。计算机可以出色地对问卷中的定量数据进行处理，但是在处理开放型问卷时就不是很有用了。不过，如果各类数据收集得都很多，还是应该考虑使用计算机。

小型会议可以用问卷或采访的方式从所有的回答者那里收集数据，但是对于大型会议的评估来说，要采访所有的与会者就不大可能了，所以在这种情况下应该运用一些取样技巧。大型会议可以用问卷来收集数据，但是在分析结果中应该显示出回收的问卷与全体评估人群之间的比例。

（3）鼓励与会者现场对会议做出评估

对于指定与会代表的会议，参与会议评估可能是命令性的，但是对于不好确定到会人员的会议和公众大会来说，必须给与会者一些鼓励，才能吸引他们参与评估。要鼓励与会者提供评估数据有几种办法。各场会议的管理者或会议组织者可以经常提醒与会者填写评估表格，这应该在各场会议结束时进行，并给与会者留出几分钟时间当场填写表格，然后再离开会场。在现场评估时要注意如下问题。

①收集评估表格的过程应该尽量简单。在小型会议中，可以安排一名或几名会场管理者或职员在会场的各个出口在与会者退场时收集评估表格。另一个方法是在会场或大厅中设立回收箱，但是这样做能够收回的问卷不如前一种方法多。

②定性数据可以用描述性的报告来表现。一些阅读报告的人只对大致的结论感兴趣，而另一些人则希望得到相关的细节，所以在设计报告结构的时候要考虑到两类受众的需求，可以在报告的开始总结性地提出评估结论，然后再详细展开说明。

（4）监督评估结果的应用

早在策划会议评估的同时应该考虑到如何使用评估结果。**往往人们在对会议做完评估之后，就把结果放在一边，不再采取任何相关的行动了。**

会议评估反馈的结果有两个主要用途：一是总结本次会议，二是为以后的会议提供参考。评估结果可以由各类回答者共同分享，不过这并不意味着他们每人都要得到一份评估报告。例如，如果分析关于会议地点的数据并没有得出任何显著的结果，那么就没有必要给会议地点邮寄评估报告了。对评估结果最重要的使用在于以后的会议，有关的负责人应该确保有这方面需要的人都能得到评估结果。

（5）会议评估结果分析

其中主要包括会议功能分析（表7-4）和会议成效分析（表7-5）。

表7-4　会议功能分析表

目的	·1、是否正确把握会议的目的、成员？	1. 目的　2. 主题　3. 前例
出席者	·2、是否确认过出席者名单？	1. 其观点　2. 性格倾向　3. 发言的习惯
会场	·3、是否确认会场、日期？	1. 会场在哪里　2. 日期　3. 席位顺序
议题	·4、是否事先针对议题加以检讨？	1. 议题是什么？　2. 其资料　3. 检讨
发言	·5、是否检讨过发言的时机、内容？	1. 该发言的时机是　2. 误发言的内容为　3. 发言是否精简？
质询	·6、是否检讨过应质询与被质询的事？	1. 想质询的事是什么？　2. 时机为　3. 可能被质询的事是什么？
协助	·7、对主持人或协调者的协调态度如何？	1. 是否协助主持人？ 2. 是否协助相同立场的人？ 3. 表示赞同时态度是否明确？
流程	·8、是否很灵敏地抓住会议的流程？	1. 对会议的气氛是否很敏感？ 2. 对会议的流程是否很敏锐？ 3. 是否能引导会议的流程？
幽默	·9、是否认识到会议中，幽默是一张最好的王牌？	1. 是否能缓和开会中的气氛？ 2. 是否能适度地幽默地发言？ 3. 是否错失了幽默发言的时机？
	·10、	
备注：		

表7-5 会议成效分析表

・1、会议是否如预订的进行？
・2、会议的目的及议题是否彻底？
・3、会场或设备是否适切？
・4、必要的资料是否齐全？
・5、会议是否如计划进行？
・6、会议是否如预订的散会？
・7、全体人员是否了解主题？
・8、开始时，是否简要地叙述议题的重点？
・9、开会时的气氛是否很热烈？
・10、会议讨论时，是否有偏离议题的论点？
・11、是否有很多生动且有建设性的发言？
・12、参加人员是否有所抱怨？
・13、
・14、
・15、
[记载事项]

4. 总结经验，争取下一次会议开得更好

一份好的会议的总结应能指出会议的成功经验和不足之处，这对于下次召开会议以及增强未来的工作关系、落实会议精神以更好地发展企业都非常有价值，因为这是企业领导者和会议的组织者共同的期望。

会议总结一般包括如下内容。

（1）对会议的主要内容正确评定

好的会议总结应该是提炼出有意义的问题。例如，会场条件与会议报告相比，前者显然在总结中微不足道。**但是与其他问题相比，这个问题显得不那么重要，比如演说内容的评判**。任何会议总结应该包括这样几个主题：

- 原定会议目标的实现；
- 报告内容与相关程度；
- 会前沟通；
- 会议活动；
- 会议的价值（对代表而言）。

值得注意的是，作为会议组织者和总结者，要尽量避免把自己的喜恶融到问题里，否则总结将失去价值。

（2）提交总结结果

在提交会议总结报告之前要先做一些思考。内容不可冗长，把总结中的结论集中到重要的问题上，用统计数字以及每个结论的有代表性的例子支持总结中的结论。

以下是一个真实的会议调查摘要。会议在中国南部海岸一家度假酒店举行，参加会议的人是来自世界各地的高级管理人员。整个会议由两部分组成：常规会议和学习如何驾驶一艘21世纪大帆船。

①会议总评价。具体如下：

- 整个会议最不尽如人意之处是外请的演说者（演说者A除外）——演说者B和C得到的评价最低。不过，所有的演说者都有自己的听众群和批评者；
- 演说者A是会议的最"亮"点之一（这也许表明与会代表对具有知名度的名人身份能做出更热烈的反应）；
- 作为会场和就餐场所，酒店得到较高的评价，住宿标准稍逊色一些。不过，有几位代表认为酒店的服务有下滑的趋势，并且对它的5星级别提出质疑；
- 驾驶帆船的创意得分最高。得分几乎接近满分，绝大多数代表给出的评价为"优"；
- 得分方面名列第二的是会议行政部门的表现；
- 另一项得到较高评价的是会议的文献工作——虽然有意思的是几位代表没有为这项内容打分，另一些代表则表示他们认为这个方面并不重要。

②分类评价总结。具体如下：

肯定	否定	将来参考价值
□成功的会议，准备充分、组织有序、进展顺利（比去年会议有很大的起色——没有可比性）	□活动安排问题——要么减少驾船，要么增加会议，以保证更多的商务会议	□把更多的注意力放在工作上，尤其是各方向的战略目标及发展上
□观念新奇大胆，比较激进，效果不错	□应把更多的时间花在团体行动计划	□突出各个方面的重要的/有代表性的发展结果
□"活动"内容带来了会议的成功，而且成为营造团队感情和提供互动的极好的手段	□会议本应更长一些（一天最好）	□邀请更多的内部演说者，例如：理事会成员、新加盟人士、管理人员
□提供了一个为共同目标而合作的机会，因此加深了团队感情	□会议目标定得太高/会议没有达到预期目的，目标定低一些会好一点	□会议每隔一年召开一次
□提供了与同行交流的机会，结交了新朋友	□非正式交往的休闲活动时间太多了一点	□将来会议要开得更频繁一些——至少两年一次
□把会议和航海放在一起增加了效果（包括会议主题和名称）	□外请演说者没能为会议增添光彩，他们的讲话没有新意	□会场出入要更方便/提高标准

在上面的例子里，百分比显然没有全面的发现重要，不过，主办这次会议的人可以从这些总结评价中得出这样一个结论：公司下次举办类似的会议时，他们会在聘请演说者时更慎重一些，而且会花更多的时间讨论未来的计划。

会议结束后的总结报告（包括任何实事求是的研究），只要在当企业根据这份报告采取改进行动时才是有价值的。有些发现可能会告诉我们一些细微的工作进步，这些进步，当被视作是一整套小的措施时，将有利于改进卫生和便利设施的问题。然而，会后总结的真正价值在于去发现会议为代表们提供的与他们期待的两者之间的任何重大分歧。无论它是一个公司内部会议还是代表们要掏钱才能出席的会议，如果演说内容出了问题，组织工作做得再无微不至也不能算是好的会议。**只有实事求是地向代表们进行调查总结才能找出问题的症结以及避免下次会议再次发生此类问题。**